［新版］孫育ての時間

祖父母に贈るはじめての育孫書

産婦人科医 山縣威日
小児科医 中山真由美 編

吉備人出版

［新版］

孫育ての時間

祖父母に贈るはじめての育孫書

産婦人科医 山縣威日
小児科医 中山真由美 編

吉備人出版

新版「孫育ての時間《とき》」によせて

「孫育ての時間」の発刊から10年あまりが過ぎました。この間、多くの方々に読んでいただき心より感謝いたします。このたび祖父母とお孫さんのアンケートによる生の声を加え、改訂することにいたしました。

子どもはバ～バとジ～ジが大好きです。それはたぶん、祖父母が歩んできた人生の中で養われたこころの深さと知恵に、そして過ぎ去ったそれぞれの子育てへのほろ苦い思いへの償いにも似た、いのちへの愛おしさに包まれる心地よさを孫たちが感じるからでしょう。

子どものいのちは来るいのち、祖父母のいのちは行くいのちです。その〝いのちの交差点〟が「孫育ての時間」になります。孫と祖父母に共通なのは〝後で〟はなく〝今〟しかないという時間感覚だろうと思います。孫育てセミナーを開催以来、孫育てをいかに楽しむかで子どもと祖父母の、ひいては家族の人生が大きく変わった方々と出会いました。

「孫育ての時間」の刊行は長年の孫育てセミナーが背景にあります。私が孫育てセミナーを開いたのにはいくつかの思いがあります。

私の医者人生を方向づけたのは国立岡山病院名誉院長小児科医、故山内逸郎先生との出会いです。今から30数年前産科医の道を中断し、先生の元で小児科を研修させていただきました。その時感銘を受けたのが赤ちゃんのために母乳育児をすすめる山内先生の真摯な姿勢でした。先生は「母乳育児は産む女《ひと》を母に、生まれるヒトをひとにする当為です」と言われました。赤ちゃんが育つ上で最も大事なその母乳育児を支えるのが実は祖父母です。とくにおばあちゃんの気持ち一つでお母さんの子育てが大きく変わります。是非母乳育児への理解を深めてほしいというのが孫育てセミナーのねらいのひとつです。母乳育児はまさに子どもの「こころの根っこ」です。お母さんを責めるのではなく、癒やし、包む優しさで、支えてほしいと願います。

孫とのふれあいや生活は同時にその両親である我が子やその連れ合いとの交流です。「孫は来てよし、帰ってよし」という言葉がありますが、エネルギーの塊のような幼子を相手にすることは心身に大きな負担となります。その親たちへの心遣いも含めますと、気疲れは並大抵ではありません。

少しでもゆとりある孫との交流に、また皆様と人生の始まりを過ごした子ども達の「こころの根っこ」がしっかり養われるために、この本が少しでも道標《みちしるべ》となれば嬉しい限りです。

二〇一五年十一月

山縣　威日

こどもは未来からの使者である。

タゴール

［新版］孫育ての時間《とき》——祖父母に贈るはじめての育孫書

◎目次

新版「孫育ての時間《とき》」によせて

一章　一歳までの孫育て

目次

二章　一歳からの孫育て

三章　みんなのホンネを聞きました

◎一章　一歳までの孫育て

スタート

タイプ別傾向と対策付き
おばあちゃん
チェックシート

あなたは何型おばあちゃん？ 鶴川明子（保健師）

※おばあちゃんじゃない人はおばあちゃんになったつもりで答えてくださいね

はい ⋯⋯▶
いいえ ⋯⋯▶

しっかり泣かせると、赤ちゃんの肺が強くなる。

いいえ ⋯⋯▶ / はい ⋯⋯▼

母乳育児中のお母さんに、「母乳だけでは足りないのよ」と言ったことがある。

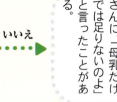

いいえ ⋯⋯▶ / はい ⋯⋯▼

2ヵ月頃から離乳食の練習に、果汁やスープを飲ませる。

いいえ ⋯⋯▶ / はい ⋯⋯▼

お母さんから育児について相談があれば、共感しながら聞いてあげている。

はい ⋯⋯▶ a型 / いいえ ⋯⋯▼

お風呂上がりには、湯冷ましを飲ませる。

いいえ ⋯⋯▶ / はい ⋯⋯▼

抱っこばかりしていると抱き癖がつくので、泣いても抱かない。

いいえ ⋯⋯▶ / はい ⋯⋯▼

泣きやまないときには、「おしゃぶり」を与える。

いいえ ⋯⋯▶ / はい ⋯⋯▼

生後半年間は、母乳だけを欲しがるまま飲ませていればよい。

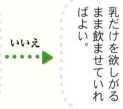

はい ⋯⋯▶ b型 / いいえ ⋯⋯▼

16

沐浴後は、ベビーパウダーを、全身にはたく。

いいえ ⋯⋯▶ / はい ⋯⋯▼

夜泣きをする子は寝る前に、粉ミルクを飲ませてあげるべきだ。

いいえ ⋯⋯▶ / はい ⋯⋯▼

時々、蜂蜜をお湯に溶かして赤ちゃんに飲ませている。

いいえ ⋯⋯▶ / はい ⋯⋯▼

夜中の授乳には、添え乳をすすめてあげる。

はい ⋯⋯▶ c型 / いいえ ⋯⋯▼

健康優良児にするためには、絶対粉ミルクが必要だ。

いいえ ⋯⋯▶ / はい ⋯⋯▼ h型

離乳食は、自分が噛み砕いたものを食べさせる。

いいえ ⋯⋯▶ / はい ⋯⋯▼ g型

つかまり立ちできる頃には、歩行器を買ってあげるつもりだ。

いいえ ⋯⋯▶ / はい ⋯⋯▼ f型

人見知りが激しいのは、お母さんの育て方のせいだと思っている。

いいえ ⋯⋯▶ d型 / はい ⋯⋯▼ e型

タイプ別おばあちゃんの傾向と対策

a型

知識も心がけもばっちりの完璧型

完璧です。

みんなに尊敬され、将来にわたって家族円満に過ごすことができます。この本の良さを他の人にも教えてあげてくださいね。

b型

知性に溢れた頼りになる型

新しい知識もばっちりの頼りになるおばあちゃんタイプ。

あなたは育児についての正しい知識をとてもよく理解しています。この本を時々読み返して知識を深めると共に、お母さんへの精神的なサポートまでできるようになったらパーフェクトです。

c型

的確なアドバイスができる思慮深い型

正しい知識を持ちながらも、決して押しつけがましくなくお母さんの気持ちも尊重できる能力を持つ、できたおばあちゃんタイプ。

この本に書かれている内容を、さりげなくお母さんにも教えてあげると感謝されます。

d型

我が道を行くマイペース型

今時の知識を持ちあわせてはいるが、手も口もあまり出さず、自分の生活を優先させるタイプ。孫のことでトラブルになることも少ないでしょう。この本をきっかけに知識を深め、時にお母さんの気分転換のお手伝いをしてあげると、きっと喜ばれます。

e型

波風たてぬ温厚型

本当は納得していなくても、気を遣って我慢してストレスをためるタイプ。

この本を読めば、自信をもって孫にも接することができるようになります。あまり気を遣ってばかりいると、おばあちゃんの方がいつか爆発する恐れあり。

f型

迷惑おせっかい型

孫を思うあまりの行為が実は迷惑がられているということに、自分だけ気がついていないやっかいなタイプ。

この本を参考に、孫に対する態度の反省が必要です。

g型

強引押しつけ型

思いこみが激しく自分の意見を通そうとするタイプ。

この本に書かれていることを率直に受け入れましょう。このままだとお母さんにストレスがたまり、孫を連れてきてもらえなくなるなど、突然逆襲される恐れがあります。

h型

生きた化石型

自分が子育てした30年くらい前の知識を信じて疑わないタイプ。

このままでは、おばあちゃんが家庭不和の原因にもなりかねません。孫の未来のためにも早急にこの本を熟読する必要があります。

◎お母さんのこころと身体

山縣威日（産婦人科医）

はじめてお孫さんがおなかに宿ったことを聞いたとき、どんな気持ちでしたか？　ご自分たちの妊娠とはちょっと違った感じではありませんか？

皆さんが妊娠・出産した時代と現代とでは、いろいろな面で随分違いますよね。あのかわいい、小さかった子どもがもう今親になろうとしている。感無量であるとともに、無事に妊娠期間を乗り切れるだろうか、元気な孫が生まれるだろうかと随分心配になるでしょう。

妊娠中や子育てのアドバイスをするとき、自分の体験をとおして話すことになりますが、適切かどうか迷うことがあるでしょう。そんなとき、ぜひこれを読んで参考にしていただきたいと思います。

◎つわり

妊娠してまず困るのはつわり（妊娠悪阻）です。全くない人もあるのですが、八割くらいの妊婦さんは、程度の差はあるのですが経験します。食べ物の匂いがするだけでむかむかする、我慢できずに吐いてしまう、食べ物を受けつけない、決まったものしか食べられない、などが一般的です。しかし、時には水も受けつけないような状態になり、脱水を起こして動けなくなることさえあります。そうなると入院して、点滴注射で水分補給が必要になります。

そこでおばあちゃん、おじいちゃんの知恵を出してひどくなる前に助けてあげましょう。強い味方はショウガ（生姜）です。ショウガは漢方薬によく配合されており、制吐作用、健胃・消化促進・解毒作用、などが知られており、手っ取り早い吐き気どめというわけです。いつも野菜庫に常備しておいて、食べようとするもの、飲もうとするものに、少量すって入れると意外に効果があります。

飲むものでお勧めは、レモン水です。生のレモンを丸ごと塩でこすり水洗いします。それで防腐剤など表面についているものが落とされ、きれいになりますから、五ミリほどの輪切りにしてしぼらずにピッチャーへ入れ、水をいっぱいにして冷蔵庫に保存します。かすかなレモンの香りと冷たさがむかつきをやわらげてくれます。

また、温かいものよりは冷たいものが口に入りやすいことも気に留めておかれるといいでしょう。ご飯などは時間がたった冷たいおにぎりやお粥が食べやすいことがあります。

この他にも工夫はいろいろあるでしょう。しかし何よりも薬になるのは思いやりと分かち合いです。甘やかしとは違います。つらさを分かってもらえるのは何よりも慰めになりますし、「がんばってみよう」というエネルギーがもらえます。甘やかしはご本人と一緒になって右往左往することです。もっとしない方がいいのは、叱咤激励です。「妊娠は病気じゃないのだから気力で頑張れ」と言われるのは、つらいものがあります。それが時に、嫁姑や母と子の葛藤につながることさえあります。

気持ち的に寄り添ってあげることが優しさでしょう。

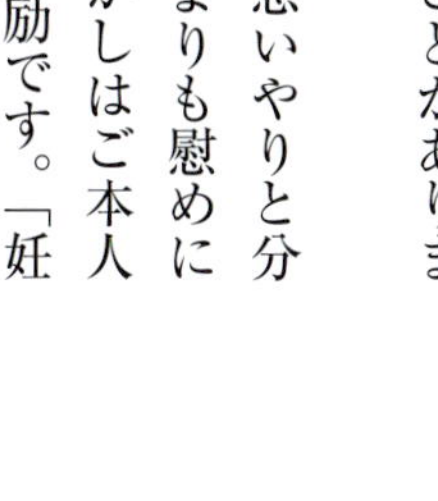

❗ワンポイントメモ◎つわりは食べ物を受けつけないタイプだけではありません。食べないと気持ちが悪くなる人や（食べづわりなどとよばれます）、唾が出て止まらなくなる流涎症もあります。他にも眠くなったり、イライラがつのるタイプの人もあります。

◎妊娠中の食べ物

つわりの時期が終わるとおなかの赤ちゃんはもう四カ月にはいっています。身体の形や仕組みの基礎が出来上がったこの時期から胎児とよばれるようになります。それまでは胎児の元〝胎芽〟とよばれます。この胎芽の時期は受精卵そのものの中に赤ちゃんを育てる仕組みが備わっているので、お母さんの食べるものが赤ちゃんに影響することはありません。四カ月以降の中期から、お母さんの食べるもので赤ちゃんの身体が造られていきます。

基本にすべきはお米を主食にした和食です。お米はエネルギー源として日本人の体質によく合っています。玄米や五穀米を食べられるともっといいです。副食はゴボウ、レンコン、ニンジン、ダイコンなど根菜をしっかり摂るようにします。

ゴボウ、レンコンは身体を温め、気の巡りをよくしますし、繊維が豊富なので腸の運動を活発にし便通を整えます。ニンジンやカボチャなどの緑黄色野菜は造血機能を助けます。ひじきなどの海草類は貧血を改善し、カルシウムも豊富です。納豆や豆腐など豆製品もビタミンやミネラルの補給に役立ちます。

たとえば具だくさんで薄味のおみそ汁や野菜いっぱいの煮込みうどんなどが簡単で、理にかなっています。果物や甘いものは少なめに、砂糖は使わないくらいがいいでしょう。葉のものは煮浸しなど出来るだけ火を通して食べると、身体を冷やさなくてすみます。

牛乳と卵は手軽で栄養価が高い食品としてよく勧められますが、摂りすぎに注意してください。生まれた子どものアレルギー体質に影響することが分かっています。基準として、牛乳が好きな人は一日二〇〇ml（コップ一杯）まで（嫌いな人は飲まなくていい）、卵は三日から一週間に一個が望ましいです。

いずれにしても、時々おばあちゃん特製の煮物などを届けてあげると嬉しいでしょうね。

◎愛しさを育てる

さて、妊娠四カ月以降、胎盤から出るホルモンの量に比例するようにお母さんのこころの感受性が高くなっていきます。いわゆる感じやすくなります。それは自分のおなかの中の赤ちゃんに対して意識が集中していき、育っている生命に「愛しさ」を感じるアンテナが発達することになります。生まれるまでに子どもを育てる母性の素地を十分に作っておくために、自然が用意したものだといわれます。この感受性の高まりは出産に対する不安を乗り越える力にもなっているようです。

でも、感情のアンテナが敏感になることで、いろいろと問題が起こることもあります。ちょっとしたことで、すぐ悲しくなって泣いたり、たいしたことを言われていないのに

ひどくこころが傷ついたりするのは、こういう感受性のためなのです。時にはそれで、夫との摩擦を起こしたりします。また、いつの時代にもある嫁―姑の行き違いなどは、その基本的なところが実はここにもあるのです。これはその人の人間性ではなくて、妊娠による感受性の高まりが原因です。できるだけその感受性を受け止めてあげようとするだけで、妊婦さんとしては何とかこころが平静でいられるわけです。このような家族の思いやりは、その後の人間関係をよい方向へ変えていきます。

子どもを育てるために最も必要な母性は、妊娠・出産で自然に出てくるものと思われがちですが、どうもそうではないようです。現在、社会的背景から育児支援が不可欠となってきていますが、母性が育ってくるには出産後数カ月間が重要です。初体験のお母さんから見れば、それまでの成育歴に子守りなど幼子《おさなご》と接することもほとんどなく、わたしらしく生きる道を歩んできた女性が無意識的に母となって、つらい子育てを押しつけられるわけですから、パニックになって当たり前です。

そこでぜひお願いしたいのが、おなかの赤ちゃんを愛おしむ気持ちになる会話を若いお母さんとすることです。自然の美しさやいのちの大切さ、不思議さなどを話題にしたり、お母さん、お父さんの子どものころのお話をしてあげるといいでしょう。その中で子育てのつらさや楽しさを十分に伝えてもらえたら、母性の回路が少しずつ開いていくと思います。

◎母乳育児をすすめる

母乳育児は、母と子の絆を自然に作ってくれます。母乳を直接のませることで、お母

さんの身体にプロラクチンやオキシトシンというやさしさの「子育てホルモン」がたくさん出ます。その結果、わが子をこころから愛しく想う密着型育児ができるように、人間だけに用意された自然の仕組みが働きます。無条件に愛されて育つこの一年間に、子どものこころにはお母さんへの絶対的信頼感が育まれて、人間として最も必要な愛に対するこころのアンテナが出来ていきます。

こころだけではありません。お母さんの身体をなめ、おっぱいを飲むことで、子どもが一生使う免疫の基礎が出来るのです。子どもの身体のすみずみまで、代々受け継がれてきたお母さんのさまざまな免疫力が行き渡り、肉体を守ります。おっぱいはまさに子どもの身体を一生守るワクチンのように働きます。ですから母乳で育った子どもの方が病気になりにくいのです。

身体を養う栄養としても、お母さんの身体を使ってその子だけに用意された特製メニューですから、これ以上のものはありません。

よく「おっぱいが出ない人はどうするの?」という問いかけがありますが、いろいろな事情で足りないことはあっても出ない人はいないのです。

ところが、はじめて母になった人たちのほとんどは、おっぱいを飲ませている光景を見たことがありません。もちろん赤ちゃんを抱っこした経験もあまりないでしょう。目に入る授乳の情報は圧倒的に哺乳びんでの粉ミルクが多いですし、デパートなどの授乳コーナーは哺乳びんのマークです。そんな状態の妊婦さんが産んですぐおっぱいで頑張れるには、妊娠中から母乳で育てる意識を確かなものにしておくことがとても大事です。

最も心強いのはおばあちゃんの一言です。「子育てにはおっぱいが一番よ!」、「おっ

ぱいは必ず出るようになるのよ！」の一言でお母さんのこころは決まるでしょう。

◎お願いとおすすめ

一・「赤ちゃんの分まで食べなさい」は止めましょう。

出産までの体重増加は八キロ前後が目標です。一カ月での体重増加を二キロ以内にとどめることが必要です。太り過ぎは妊娠性糖尿病や妊娠中毒症になりやすく、赤ちゃんとお母さんの健康が心配になります。お母さんが食べるもので、糖分だけは直接胎児に流れていきます。よく、「妊娠したらしっかり食べなきゃ」ということで、せっせと食べさせるのですが、粗食が普通だったころの名残です。

飽食の現代はむしろ妊娠したら太らないように野菜を中心にした低カロリーを心がけ、家事などしっかり動くことを勧めましょう。時々、「小腹がすいたらどうしたらいい？」と尋ねられます。パンやスナック菓子などを食べることが多いようですが、太るもとです。手のひらに隠れるくらいのおにぎりや、野菜のスティックなどを用意しておいて利用するといいでしょう。

二・「まだ生まれないの？」は禁句です。

出産予定日が近くなるにつれて、心配のあまり電話をかけてしまいます。そんな時はぜひさりげなく「元気でいる？」、「困ったことはない？」など、支えるような言葉かけをしてあげてください。「まだ生まれないの？」は善意から出る言葉だけに、産むお母さんにとってはつらいプレッシャーになります。

予定日前後で敏感になっているお母さんには、「そのうちに来るわよ。あせらないで！」

と気持ちをほぐすような言葉がいいでしょう。「いい加減なこと言わないで」には「ごめん、ごめん。赤ちゃんにも都合があると思ってね」とお母さんが我に返るようにしてあげてください。

三・「おなかに赤ちゃんがいるんだから安静に！」はいけません。

もちろん流・早産傾向があるときは別です。妊娠四カ月を過ぎて安定期に入ったら、積極的に身体を動かすことが大切です。拭き掃除や床みがき、散歩などで足、腰をしっかり動かすように勧めてください。とくに出産が近くなったら、はいはい運動が産む準備としても必要です。

四・あぐらの効用を分かってあげて。

椅子の生活がほとんどを占める若いお母さん方は、一昔前の畳の生活のように骨盤が開くような姿勢がとりにくいようです。草むしりのようなしゃがんだ動作が日常にあればいいのですが、無理ですね。

その点あぐらは抵抗なくできることが多いようです。このあぐらは胎児の収まりがよく、骨盤を開く姿勢です。一見お行儀が悪いようですが、妊娠中だけでも我慢してあげてください。

五・「赤ちゃんに話しかけてる？」と聞いてあげましょう。

子どもは体質と性質が備わって生まれてきます。それぞれのできかたは代々両家に伝えられてきた遺伝子が半分ですが、残りのその子の個性的なものは、体質はお母さんが食べるもの、性質はお母さんが味わう日常的な気分によるとされます。おなかの赤ちゃんに意識を向けて生活することが身体にいいものを摂ろうという気持ちになるもとです

し、やさしい波動を胎児に送り続ける胎教につながります。その習慣づけが胎児に話しかけることです。

お父さんがおなかの赤ちゃんに話しかけるのも、いいことがあります。母と子の絆は自然に出来るような仕組みが用意されているのですが、父と子の絆はそうではありません。お父さんのこころの動機づけと子どもとのふれあいには意識的な努力が必要です。胎児に話しかけることはそれをスムーズにしてくれる方法の一つです。

六・腰痛の予防と治療には「はいはい運動」。

妊娠中の腰痛の原因は、骨盤のゆがみです。ホルモンの働きで胎児の大きな頭を通りやすくするため、骨盤の継ぎ目がゆるくなります。背骨はその骨盤に支えられ、骨盤は足に支えられており、妊婦さんの日常の動きの様々な癖がそれぞれのゆがみを作り出してしまい、痛みの原因になります。寝返りを打つのも出来なくなったり、歩けなくなって入院した人もいます。

この予防と治療に「はいはい」がいいのです。

七・お母さんにも思いやりを！

出産後、入院中にスタッフや家族に大事にされたお母さんは退院を心待ちにします。退院したら赤ちゃんとの楽しい生活が待っているように思えるのでしょう。お迎えの車が来て懐かしのわが家に嬉しい気持ちで帰ります。

玄関に入ったとたん「お帰りなさい。ご苦労様！」まではいいのですが、「まあ、かわいいね」とみんなの視線はそれ以後ずーっと赤ちゃんです。さんざん赤ちゃんを楽しんで、泣いて困ったら「はいはい、ママの出番よ」となりがちです。また、夜泣きがや

まないときなどは、「おっぱいが足らないんじゃないの？　どっかわるいんじゃないの」と言ってしまうことがあります。これでは、お母さんの気持ちを考えてくれているとは思えません。

「誰にも分かってもらえない」と思え、だんだんお母さんのこころは寂しく、孤独になっていきます。これがマタニティブルーへ進んでいくことにもなります。

お母さんのこころに添ってあげることを忘れないようにお願いします。

◎赤ちゃんのこころと身体

中山真由美（小児科医）

サンちゃんのしあわせ絵日記

○月○日　ぼくが生まれた日

ぼくはお母さんのおなかのなかで、ぷかぷかお水に浮かんで気持ちよく暮らしてた。優しいお母さんやお父さんの声を聞きながら、会える日をとても楽しみにしていたんだ。

ある日ぼくは身体がぎゅーっと締めつけられて目が覚めた。それは、どんどん強くなってぼくは押しつぶされそうになった。苦しくて苦しくて死んじゃうかと思ったとき、急に明るい世界に飛び出した。ぼくは初めて大きく息を吸い込んで、大声でさけんだ。

「ぼくだよ！　お母さん。よろしくね！（おんぎゃあ！）」。みんな「おめでとう！　よくがんばったね」って言ってくれた。そして、あったかいお母さんの胸の上に抱かれたよ。お母さんの胸はとってもやわらかくて、いい匂いがした。さっきまでの苦しさがうそのように、すごくいい気持ちだった。

目を開けてみると、そこに会いたかったお母さんがいた。隣にお父さんもいた。懐かしい優しい声がした。お姉ちゃんが握手をしてくれ

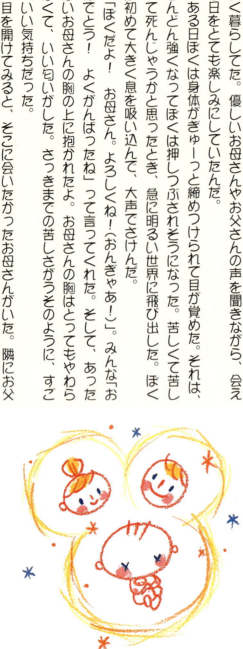

た。おじいちゃんとおばあちゃんが、「お父さんに似てハンサムだね」って言ってくれた。懐かしい匂いにさそわれて動いていると、パックリおっぱいにくいつけちゃった。くちゅくちゅしたら、すごくしあわせだった。

◎バースカンガルーケア

新米のお母さんは大先輩からみると、とてもたよりなく見えるかもしれません。完璧な親なんていませんし、完璧な子育てなんて不可能です。新米の親自身が一つひとつ経験し、学んでいかなければなりません。

私たちはお父さんやお母さんがわが子をこころから愛し、苦労は多くても、子育てが楽しいと思えるように応援していきたいと思っています。そのための秘訣は親と子が親密に応答しあうということです。つまり、親子がなるべくぴったりくっついて、子どもの合図を読み取りそれに応えていくことです。そうして、子どもの必要を適切に満たしてやれるということで、親も自信がもてるようになります。

子育ては妊娠中からスタートしていますし、出産は特にそのスタートに大きく影響してきます。最近では、バースカンガルーケアといって、生まれたての赤ちゃんをすぐ裸のままお母さんの胸の上にのせて、一～二時間過ごすということをしています。

不必要なケアはなるべく後回しにして、母と子のいちばん感受性の高まっている時期にしっかりと密着して過ごしてもらおうというものです。お母さん方はこのときの感触、感動をいつまでも覚えているといいます。生まれたての赤ちゃんでも二〇～三〇センチの距離のものは見えますし、耳も聞こえていますから、話しかけるお母さんの顔をじっと見つめます。お母さんのおっぱいの匂いを他人のものと嗅ぎ分けられるともいわれています。

生まれて、三〇分～一時間で力強く上手におっぱいを吸うのには、皆さんが感動します。何もできない無力な存在であると思われていた新生児ですが、さまざまな能力を持っていることがわかってきています。

○月○日　生まれて三日目

おっぱいを飲むのもだいぶ上手になった。明るい世界にも慣れてきた。でも、お母さんの気配がなくなると、すごく不安になってくる。だって、いままではいつも一緒だったんだもん。だけど、お母さんは、ぼくが呼ぶとすぐに優しい声で「どうしたの？」って言って抱っこして、おっぱいを飲ませてくれる。何回も何回も。

夜は特別寂しくてお母さんを呼んでしまう。眠いのにごめんね、お母さん。ぼくは、生まれたときのように、お母さんの胸の上にいたり、隣でくっついて寝てるほうが安心なんだよ。いつも、一緒にいてね。

◎母乳育児

　母と子の親密な関係を築くのに最も良い方法は、母乳で赤ちゃんを育てることです。昭和三〇～四〇年代はミルク全盛の時代でした。とにかく、体重の大きい赤ちゃんが健康優良児として表彰されていたころですから、元気でも細身の子は肩身がせまかったようです。病院出産、新生児室（母子別室）、ミルクという近代的なケアによって、母乳育児がどんどん衰退していきました。哺乳動物ならあたりまえの母乳育児も、母乳が特別よく出る一部の人にしか不可能であるかのように錯覚されてしまいました。

　現代でもほとんどのお母さんは、母乳だけで赤ちゃんを育てる能力をもっています。その秘訣は、母と子がなるべく一緒に過ごして、赤ちゃんが欲しがれば何回でも何回でもおっぱいを吸わせることです。「吸えば吸うほどわいてくる」のがおっぱいです。母乳がよく出るようになるためには、母子同室でなるべく早くから、赤ちゃんが欲しがるだけ何回でも（一日一〇回～一二回以上）おっぱいをあげることです。母乳は消化が良いので、一～二時間毎に欲しがるのも普通のことです。

　いろいろ心配せずに、リラックスすることも大切です。「おっぱい出てないんじゃない？」「ミルク飲ませないとかわいそうよ」というような言葉は、お母さんの自信を失わせ、こころを乱すだけで、何の利点もありません。その言葉は、なるべく耳に入れないようにしてあげてください。不安そうなときは、お母さんがよくがんばっていることを認め、「大丈夫よ」とまわりでしっかり支えてあげてください。もちろん、どうしても母乳の出が悪くてミルクをあげなければならない場合も、努めてスキンシップをとるなどの工夫によって十分補うことができます。

○月○日　退院の日

お母さんのおっぱいは最高だ！「最初の予防注射」だって言ってたけど、こんなにおいしい予防注射だったら、いくらでも飲んじゃうよ。そのうえ、栄養満点で安上がり。欲しいときには待たなくてもすぐもらえるのがうれしいな。お母さん、ありがとう。

お母さんとの二人っきりのハネムーンも終わって、今日は退院の日。みんなが、「おめでとう、元気でね！」って、手を振って見送ってくれた。いよいよ、お家での生活の始まりだ。

◎母乳の特長

出産後一週間くらい分泌される母乳を、初乳といいます。これは、免疫物質を非常に多く含み、赤ちゃんをさまざまな感染症から守ってくれます。特にお母さんの持っているウイルスや細菌に対する抗体をタイムリーに供給してくれるのは、まさに自然の神秘といえるでしょう。病気にかかりにくいだけでなく、かかっても軽くすみますし、新生児期だけでなく小児期の慢性的な病気に対する予防効果も知られてきています。

栄養面でも母乳は人間の赤ちゃんにとっては、完全栄養です。約六カ月間は母乳以外の食べ物は何も必要ありません。母乳にはヒトの脳の成長に重要な成分がたくさん含まれており、一年で二倍以上にもなる脳の発育を支えています。また、鉄やカルシウムなどミネラルの吸収率が良いのも特長です。

ミルクや哺乳びん代、光熱費が節約できます。地球環境にやさしいともいえます。そして、なによりも手間がいらず便利です。節約できた分はお母さんのご褒美として、何か買ってあげてもいいかもしれませんね。

入院中は赤ちゃんとお母さんのハネムーンで、お互いを知り合う最初の機会です。幸せな気分であるとともに、初めての経験にとまどうことも多いでしょう。夜も眠れず、睡眠不足にもなります。

大人の生活に赤ちゃんを合わせようとするのではなく、当分は赤ちゃんにお母さんが合わせるというほうが楽だと思います。赤ちゃんが寝たらお母さんも横になりましょう。なるべくお祝いの訪問は少なく、短時間にしていただくよう、ご家族の方が配慮してあげてください。産後一カ月間は、お母さんが赤ちゃんに集中できるよう、家事や上の子の遊び相手など、まわりの人が手伝ってあげてくださいね。

○月○日　一カ月

お姉ちゃんは時々、ぼくの大好きなおっぱいを横取りする。だけど、いつもおもちゃでむりやり遊んでくれるからぼくは退屈しない。お父さんは、大きな手で大胆に抱っこして、優しくお風呂に入れてくれる。お湯に浮かんでいると、お母さんのおなかの中を思い出して懐かしい。気持ちよくて、ついおもらししちゃうことも……。時々、お湯を飲まされたりもしちゃうけど、お母さんにはナイショだよ！　だって、お父さんとのお風呂が大好きなんだもん。

もうひとつ、ぼくの大好きなものは、おばあちゃんの子守唄。ゆらゆら揺られながら、いつまでも聴いていたいと思うんだけど、いつの間にか眠ってしまっている。

お母さんはぼくを抱っこして、いつもつれて歩いてくれる。ぼくは、おなかの中にいたときみたいで、とっても安心だ。おばあちゃんは、「抱き癖がつくから、少しは泣かせたほうがいいんじゃない？」って言うけど、呼んでもだれも応えてくれなかったら、ぼくは、もうどうしたらいいのかわからなくなっちゃうよ。とっても、とっても悲しいよ。お母さん、お願いだからいつも一緒にいてね。

◎抱っこの時期

赤ちゃんの昼夜の区別がつき始め、育児にも慣れてきたころでしょう。生後三週、六週、三カ月ごろ、赤ちゃんが急成長する時期があり、非常によく泣くことがあります。これは、母乳不足ではありませんから、授乳は欲しがるままに続けてくださいね。

抱っこが大好きな時期でもありますから、しっかり抱っこしてあげてください。「抱き癖」などありませんから、どんどん応えてあげましょう。家事をしなければならないときは、抱っこひもやおんぶひもなどもうまく利用してください。赤ちゃんは授乳のときや、どうしても泣くときだけ抱っこするというのではなくて、いつも一緒に過ごして、ぐっすり眠るときだけお布団におろすというふうに考えを変えてみてはどうでしょう。

しっかり抱っこされた赤ちゃんは、脳にさまざまな刺激が与えられるので、運動や認知機能の発達も良いといわれています。お父さんやおじいちゃん、おばあちゃんもどんどん育児に加わってくださいね。

よく泣くからといって、おしゃぶりは使わないようにしましょう。赤ちゃんは「物」でなだめるより、「人」がなぐさめてあげたいですね。また、お母さんが買い物などで外出するときのためにと、哺乳びんの練習をするのはやめましょう。おっぱいの吸い方が下手になったり、おっぱいの出が悪くなったりします。どうしても必要なときは、スプーンで飲ませてあげれば良いのです。

○月○日　三カ月

お母さんは、お友達から「果汁や湯冷ましをそろそろあげたほうがいいよ」と言われたらしい。今日ぼくは初めて、果汁というものを飲まされた。硬くて冷たいスプーンで変な味のものを口に入れられて、ウエッ！　って感じだった。まったく、ぼくの意見も聞いてよね。何はなくともおっぱいが一番おいしいのにね。

春の陽気にさそわれて、お母さんの抱っこで散歩に出かけるのはとても楽しいよ。風に揺れるきれいなお花をみたり、小鳥や犬をみつけたり……。近所のおばちゃんも、「元気そうな赤ちゃんね」って声をかけてくれるから、うれしくなってニコニコすると「かわいいね」って言ってくれた。お母さんもうれしそう。

◎まだまだおっぱいだけ

首がすわり、しっかりしてきます。あやすとよく笑い、アーウーとお話も始め、かわいくなってきました。離乳の準備をと、はやる気持ちもあるかもしれませんが、離乳準備食としての果汁やスープ、湯冷ましなどはまだ必要ありません。半年までは母乳が完全食です。

お天気の良い日は、お散歩に出るのが良いですね。母子ともにストレス解消になります。私たちまわりの大人も、かわいい赤ちゃんとお母さんを見つけたら、どんどん声をかけていきたいものです。おせっかいおばあちゃんになりましょうね。

○月○日　六カ月

お父さんやお母さんがおいしそーに何か食べていることに、最近気がついた。みんな、すごく楽しそうだ。ぼくも、仲間にいれてよ！　待ちきれなくて、ぼくはテーブルにあったリンゴをつかんで思わず口に入れていた。なんともいえず甘い香りが口の中に広がった。おっぱいもいいけど、これもいけるかも！「あら、サンちゃんもごはんが欲しいのね」って、次の日からお母さんがお粥を作ってくれた。新しいことに挑戦するのは楽しいけど、ちょっと疲れちゃう。ほっとするのは、やっぱりおっぱいだね。

おいしくて、もりもり食べられる日もあれば、なんとなく気のすすまない日もある。飲み込んだらすぐ、「あーん」だなんて、あんまり、次々口に突っ込まないでよね、お母さん。ぼくだって、お姉ちゃんみたいに、自分で食べたいときもあるんだ。楽しくて、ついグチャグチャになっちゃうけど、「その手でさわらないでー」なんて言わずに大目に見てよね。

◎いよいよ離乳食

赤ちゃんが眠ってから、大人だけでゆっくり食事というのではなく、みんながおいしそうに楽しそうに食事をしているのを、赤ちゃんにしっかり見せてあげましょう。それが、離乳食の第一歩です。

離乳食を始める時期は、その子が欲しがったときで、五～六カ月が目安です。進み方は非常に個人差が大きいので、無理強いせず、その子に合わせて進めていくのが良いでしょう。離乳食が始まっても、まだまだ栄養の中心は母乳です。母乳は身体の栄養であるとともに、こころの栄養でもあります。時間や回数など制限せずに与えましょう。

ご馳走っぽい市販のベビーフードより、ゆでただけでも手作りのもののほうがおいしいものです。難しく考えずにいろいろな旬の食材を軟らかくして、みんなで一緒に食べましょう。

○月○日　八カ月

ぼくは少しハイハイができるようになった。誰かに運んでもらわなくても、自分で行きたいところに行けるのは楽しいもんだ。家の中にはいっぱいおもしろそうなものがある。夢中で遊んでいると、お母さんがいない！「ウエーン、お母さんどこー？」

お母さんが見えると一安心。ぼくのお母さんは、呼ぶといつでもすぐ来てくれるんだ。夜だって一緒のおふとんで寝ているよ。夜、何回

か目が覚めるけど、いつもそばにいて、大好きなおっぱいをふくませてくれる。ぼくは、夢の中でもおっぱいを飲んでいる。あー、し・あ・わ・せ！　お母さん、だあーい好き！　お父さんは好きだけど、ぼく、めがねの男の人はちょっと苦手。近寄ってくると泣けちゃうんだ。ごめんね。

◎人見知り、心配しないで

ひとり座りができるようになり、ハイハイやつかまり立ちもだんだん上手になってきます。事故の危険も多くなりますから、十分気をつけましょう（129〜142頁参照）。けれども、「ダメ、ダメ」ばかりでなく、動き回り、探検するチャンスはたくさん与えてあげましょう。お母さんとの絆がしっかりできてくるにつれ、人見知りや後追いが始まってくるころです。正常な発達の一過程ですからあまり気にしないでください。

かわいいお孫さんを早く抱っこしたいでしょうが、お母さんから無理やり引き離そうとしても、赤ちゃんはよけいに不安になるだけです。赤ちゃんは大好きなお母さんを通して、その人が安心してよい人かどうか判断します。急がば回れで、赤ちゃんと遊びたい気持ちはぐっとおさえて、「おじいちゃん、おばあちゃんはお母さんと仲がいいんだよ」ということをそっとアピールしましょう。赤ちゃん側からこちらに興味を持つまではじっと待って、あせらず、ゆっくりと仲良くなっていきましょう。

後追いも激しくなり、お母さんはトイレにもおちおち行けなくて大変な時期ですね。

赤ちゃんは、お母さんが大好きで、目の前から消えると、永久にいなくなってしまったように思えて、不安なのです。いずれも、生まれながらの気質もあって、お母さんの育て方に問題があるわけではありませんから、いちばん大変なお母さんを責めないでくださいね。

夜泣きが始まることがありますが、これも仕方ないことなので、添い寝、添え乳で、疲れないように過ごすのがよいでしょう。

○月○日　一歳

今日はぼくの初めての誕生日。ぼくは、ちょっとスリムだけどひとりで歩けるようにもなったよ。うれしいときは一緒に大笑いし、つらいときはいつもそばにいてくれた、お母さん、お父さん、おじいちゃん、おばあちゃん、ありがとう。みんなのおかげで、この世界が温かい、すばらしいところだということを知ったんだ。もっともっと楽しいことをいっぱいしようよ。

お父さん、おじいちゃんも、これからいっぱい遊んでね。でも、やっぱり、つらいとき、さびしいとき、悲しいときはお母さんの胸に帰りたいよ。これからも、みんな、よろしくね。

◎一歳、おめでとう！

長いようであっという間の一年。離れて住んでいるお孫さんだと、会うたびに成長している姿に目を見張るばかりだったでしょう。身長や体重、歩き始める時期やおしゃべりなどは、個人差が大きいものです。大きいほど、早いほどが良いわけではありませんから、その子の成長を大事にしてあげてください。

人間の赤ちゃんは他の動物と違って、非常に未熟な状態で生まれてきます。初めの一年は他の動物でいえば、まだ子宮内生活の時期ともいえます。つまり、約一年間はいつもだれかと一緒に、くっついて過ごしてよい時期です。一歳くらいまでは赤ちゃんの要求することは、赤ちゃんにとって必要なことです。この時期、必要に応えていつも気持ちよく過ごさせてあげることは、わがままで忍耐力のない子に育てているわけではありません。

からだが成長するためには、バランスのとれた良い食物と、適度な運動や休息が必要です。そして、こころが成長するためには、子どもが安全で、守られ、愛されていると感じられるような生活が必要です。それは

①自分のからだやこころが傷つけられるおそれがまったくないと思えること。

②世話をしてもらったり、なぐさめてほしいときいつでもそうしてもらえると思えること。

③まわりの人に愛され、その人にとって大切な存在なんだと言葉や態度で示されること。

などです。お母さんは赤ちゃんにとって、最初の大切なこころの安全基地といえます。けれども、お母さん自身も、安全で、守られ、愛されていると感じられる生活でなければ

ば、子どもに愛をながし続けることはできません。お父さんは子どもだけでなく、妻にも愛を言葉や態度で伝えてあげてほしいと思います。

お母さんにとって、おじいちゃん、おばあちゃんは、いつまでも父親であり母親です。お母さんが孤独にならないよう、温かく見守ってあげてください。

赤ちゃんにとっても、お父さんお母さんだけでなく、おじいちゃんおばあちゃん、近所の人や、保育園の先生など多くの人に大切にされ、いろいろな新しい経験をすることで、こころが成長していきます。

このようにして育った子どもは、自分を信頼し、まわりの人を信頼するようになります。自分が愛されていると感じられれば、自分が好きで、ほかの人も愛せるようになります。この基本的信頼感がそのひとの生涯を支えていく土台となっていきます。そして、この基本的信頼感を基礎にして一歳くらいから、少しずつ、ルールを身につけていくことが必要になってきます。

【お友達のさみしい絵日記】

最後にサンちゃんの友達の日記をご紹介しましょう。

○月○日

ぼくのママは数字が大好きらしい。時計やミルクの量や体重ばかり気にしている。ちょっと、さびしくて泣いても、「まだ二時間半しかたっていないじゃない。もう三〇分はだめよ」と言う。

「泣くと肺が強くなるんだって」と放っておかれた。悲しくてもっと泣いたら、なにかお口にくわえさせられた。一生懸命吸ったけどゴムのヘンな感触だけで、何も出てこない。しかたないからとにかく吸った。泣くこともできなかった。ちょっと抱っこしてなぐさめてほしかっただけなのに……。

そのあと疲れてしまって、ミルクがあまり飲めなかった。すると、「あら、どうしたの？　もっと飲みなさいよ」って無理やり飲まされちゃった。ぼくの体重が平均に足りないからって、みんなして「もっとミルクを飲ませなさい」って言うんだ。ママは小柄なのにいつも「ダイエット、ダイエット」って言ってるくせに！

ぼくはよくかごに入れられて運ばれる。なんだかお荷物みたい。今日はかごから落とされちゃった。夜はベビーベッドでひとりで寝るよ。呼んでもだれも来てくれないから、もうあきらめたよ。泣かないおりこうさんがママのおのぞみらしい。

パパはお仕事が忙しくて夜遅くにしか帰ってこない。お休みの日には遊んでほしいけど、疲れてるみたい。おじいちゃんやおばあちゃんは遠くに住んでるから、ママとぼくはふたりぼっち。おうちでテレビやビデオばかり見ているよ。パパ、ママ、ぼくのこと好き？

ぼくって生まれてきてよかったのかなあ……。

◎おっぱいをあげる

安井郁子（助産師）

母乳の利点は？　とおたずねすると、必ず、「免疫がある」「スキンシップができる」「愛がもらえる」などのお答えをいただけます。でも、ミルクでもいいじゃないとおっしゃるおばあちゃんもたくさんいらっしゃいます。「母乳育児のネックはおばあちゃん」などと書かれたりするくらいで、残念ながら、なかなか母乳率が上がらないのが現状です。

粉ミルクも、よく研究され、母乳により近づきましたが、まだまだたくさんの違いがあります。違いを少しあげてみましょう。

◎母乳と粉ミルクはこんなに違う

一・栄養面では、牛乳は牛が大きく育つように、脂肪や筋肉を作るアミノ酸が優先され、母乳は脳の成長を助けるアミノ酸が優先されています。これは将来の、肥満体質や知力に影響するようです。

二・母乳には赤ちゃんを守る免疫物質がありますが、粉ミルクにはありません。特に初乳に多く含まれ、無数の細菌やウイルスから守ってくれます。病気にかかっても重症になりにくく、死亡率も粉ミルクの赤ちゃんに比較すると、低率です。病気に対する抵抗力は、成人してからも違うとさえいわれています。

三・母乳には粉ミルクには含まれていない消化酵素が多量に含まれているため、消化吸収をスムーズにしてくれます。また、母乳の赤ちゃんの腸内細菌はビフィズス菌が多く、病原菌の増殖を抑えてくれます。

四・粉ミルクの中の蛋白質は赤ちゃんにとって異種蛋白なので、ミルクアレルギーの原因になります。

五・母乳の成分は、赤ちゃんのニーズに対応し、一回の授乳の間にも変化します。吸いはじめは薄く脂肪の量が少ないのですが、だんだん濃くなっていきます。お母さんの食事によっても、味が違い、自然と色々な味に慣らしてくれます。また、小さく生まれた赤ちゃんにもその子にあった母乳が分泌されます。

六・哺乳びんとは違い、おっぱいを吸う時は噛むようにしっかり顎を動かします。ゴムの乳首は、少し吸えば飲めます。顎の発育が悪いと、歯並びが悪くなり、美容上だけでなく、虫歯の原因にもなります。

七・大切なスキンシップの回数に大きな差があります。哺乳びんは抱っこしなくても飲ませることができます。ところが、お母さんのおっぱいを吸う時は絶対に抱っこしないと飲ませることができませんね。この数え切れないほど、繰り返し、繰り返し抱っこして飲ませる行為がとても大切なのです。

赤ちゃんは五感のうちの、触覚、聴覚、嗅覚が特に発達しています。生後五日でもすでに自分のお母さんと他のお母さんの母乳の匂いの区別がつくようになります。また、おなかの中でずっと聞いていたやさしいお母さんの声を聞くと安心します。そして手を握ってもらう、なでてもらう、抱っこしてもらうことにより、心理的安定感が増し、発育・発達も促進されます。

人としての健全な発達のためには、なくてはならないのがスキンシップなのです。人は生まれた時は「ヒト」なのですが、周囲の人から愛やスキンシップをいっぱいもらい、「人」になると言われます。繰り返し、繰り返し、やさしく声をかけて、抱っこしてもらい、お母さんの匂いをかぎながらおっぱいをもらい、愛されているという満足を得ることにより、お母さんとの絶対的信頼関係を築いていきます。

親との絶対的信頼関係が築けていないと、他人との信頼関係を上手に築くことはできません。これができないと人として生きていくうえで、非常に苦労したり問題を起こしたりする原因になったりします。こころのポケットにあふれるような愛をもらっていると、人に惜しみなくわけてあげることができるのです。

おっぱいを飲ませる時、愛をあげているのよという気持ちで飲ませていただけるとよりいいですね。

◎母乳を出すコツ

では、母乳がよく出るようになるためには、どうしたらいいのでしょう。

大切なのは、早期からの母子の接触です。最近はバースカンガルーケアといって、生

後すぐお母さんのおなかの上に赤ちゃんを乗せ、離すことはしません。廊下で可愛い孫の誕生を今か今かと待っておられたおばあちゃんから「赤ちゃんの泣き声がしないけど、大丈夫？」と心配そうに聞かれることがあります。実は、赤ちゃんは、お母さんとくっついていますから安心して泣かないのです。何ともホッとした表情をしています。しばらくすると、お母さんのおなかをけって、はいあがって、一生懸命おっぱいを探して吸いはじめます。中には、手で乳首を寄せて吸う、ちょっとナマイキな赤ちゃんもいて、笑えます。こうしておっぱいを覚えます。

それから、母子同室で二四時間いつも一緒に居て、赤ちゃんがほしがる時にほしがるだけおっぱいを吸わせることが大切です。産院によっては、お母さんは疲れているから、夜は預かって粉ミルクをあげましょうとか、授乳時間が三時間毎に決められているところもあります。赤ちゃんは決して三時間毎に泣くものではありませんし、お母さんから離されて大迷惑です。お母さんもホルモンの関係で短時間で深い睡眠がとれるようになり、睡眠リズムも母子同じになっていきます。実際、一緒に居るほうが「安心で可愛い」とおっしゃるお母さんがほとんどです。

プロラクチンは、母乳分泌ホルモンですが、愛情ホルモン、子育てホルモンとも呼ばれ、赤ちゃんがいとおしい、一生懸命育てようという想いがわきあがってくるような働きもするのです。いろいろな生き物の一生懸命な子育てぶりは私たちに大きな感動を与えてくれますが、やはりこのプロラクチンが分泌されています。

また、赤ちゃんは生まれてしばらくは夜型です。プロラクチンは夜の方が多く分泌されるので、夜授乳することがとても大切なのです。ですから、昼間、面会に来られても眠ってばかりいて、がっかりされたりします。でも夜になると、目をパッチリ開けて、「さあ、飲むぞ」という表情をして、朝方まで吸い続けます。中には、「キャー恐い。この子スッポンみたい」と悲鳴をあげるお母さんもいらっしゃいます。でも、これが、母乳が出るようになるコツなのです。

最初は、にじみもしない母乳が三日目位から飛ぶくらい出るようになります。それまで、乳首は痛いし、赤ちゃんは泣くし、「つらい」「かわいそう」とポロッと涙がこぼれることもあります。こんな時、面会に来られたおばあちゃん方が、「何かもらっているの？」と聞かれることがあります。

故山内逸郎先生（国立岡山病院名誉院長・小児科医）の「赤ちゃんはお弁当と水筒を持って生まれてくる」の名言がありますが、たくさんの水分とエネルギーを持って生まれてくるので、すぐに何か補わなければならないことはありません。粉ミルクを補足すると、三時間ぐらい寝てしまい、多くても一日八回ぐらいしかおっぱいを吸わなくなります。おっぱいが出るコツは、なんといっても頻回の授乳なのです。また、おうちの方が「母乳出てるの？　私なんかビューービューー飛んでたわ」なんて言われることがあります。これは禁句で、これを言われると、ドーンと落ち込んでしまいます。

時に、一カ月くらい辛抱のいる方もあります。病院にいる間は、おばあちゃんもグッとがまんされているのですが、家に帰ると「泣くのは、おっぱいが足りんからよ、ミルク足しなさい」と粉ミルクを買って来て、飲まそうとされる方もいらっしゃるようです。これがまた、とてもストレスになるようです。

「ちょっと抱いといてあげるから、少し休んでごらん」「もう少ししたらよく出るよう

※故山内逸郎先生
日本での、母乳に関する科学的研究の第一人者であり、世界的な母乳育児推進運動の先駆者である。「産む女（ひと）れるヒトをひとに」を母に、生まれる信念をもち、「おっぱい博士」として多くの人に親しまれた。

になるよ」と、そっと見守っていただけたら、ありがたいですね。

◎母乳の出る食事

自宅に帰られてからのおばあちゃんの大切なお役目の一つに、食事作りがあります。つい張り切って、いわゆるごちそうを食べさせてあげましょうと、思わないでいただきたいのです。

農耕民族である日本人の身体にあっている和食が一番いいようです。母乳の質をよくし乳腺炎などのトラブルを防ぐためにもできるだけカタカナの食事や乳製品は控えてください。

よく「**まごはやさしい**」食といわれます。ご存知の方も多いと思いますが、食材を挙げてみましょう。

「ま」…　豆類（大豆・小豆・黒豆・そら豆・えんどうなど）
「ご」…　ごま
「は」（わ）…　ワカメ・ヒジキ・コンブなど海藻類
「や」…　野菜（いろとりどりの旬の野菜）
「さ」…　魚類（特に骨ごと食べられる小魚）
「し」…　シイタケなどのきのこ類・山菜
「い」…　いも類（さつまいも・じゃがいも・山いも・長いも・里いも・こんにゃくいもなど）

❗食事のポイント

○いろいろな物をまんべんなく取り入れましょう。
○母乳分泌をよくするものとして根菜類をしっかり取り入れましょう。
○みそ汁の中にたくさん具を入れて作っておかれると便利です。
○穀物と野菜を多めに、肉類は少なめにしましょう。
○玄米、麦などもぜひ食べてみましょう。たんぽぽ茶もおすすめです。
○生野菜より温野菜にして食べましょう。

皆さん、「孫は可愛い、特別です」とおっしゃいます。中には、どんなふうに育てようかと張り切られるおじいちゃんおばあちゃんもいらっしゃいます。若いお父さん、お母さんの意志と方針を尊重し、そばからそっと見守ってあげ、時々知恵袋を出して応援してあげていただけたらと思います。

何よりしっかり可愛がってあげることが、一番だと思います。

私事ですが、私の姑は本当にいいおばあちゃんでした。子どもが小さいころ、私に叱られると、おばあちゃんの所へ逃げていったものです。そうすると、やさしくかばってくれ、「おばあちゃんが一緒にあやまってあげるから」と連れてきてくれました。

学校から帰るころにはちょっとしたおやつやおかずを持って、よく来てくれました。子どもたちはそれがとても楽しみのようでした。

亡くなってもう何年もたちますが、今も「おばあちゃんのコロッケおいしかったね。食べたいね」となつかしがります。亡くなってからも学校の帰りによくお墓まいりをしていたようです。今でも「今日はおばあちゃんの誕生日だね」と好物だった物を買ってきたりします。

子どもにとっておばあちゃんはこころのオアシスだったのだと実感しています。

❶ワンポイントアドバイス

○働いているお母さんこそ、おっぱいで

お母さんがお仕事を始めて、赤ちゃんはおばあちゃんがみることになった場合、粉ミルクの方がいいと思っておられませんか。しかし、昼間お母さんと離れる時間が長いぶん、スキンシップのとれる、母乳育児を続けてほしいのです。

月齢にもよりますが、職場で1～2回搾乳し、冷凍しておけば、母乳を与えることができます。与える側も解凍して飲ませるだけなので、粉ミルクと手間は変わりません。哺乳びんもあまり早くから練習しなくても、そのうち飲むようになるものです。母乳には免疫物質も含まれていて、病気をしにくいのも利点ですね。

お母さんが家にいる間はしっかりおっぱいを吸わせましょう。お母さんも、搾乳や夜の授乳でくじけそうになるかもしれませんが、母子にとって最高のものである母乳育児を安易に手放さないよう、お母さんを励ましてあげてほしいと思います。

母乳育児Q＆A

Q1 母乳が足りているか、どうすればわかりますか？

A 一番よくわかる簡単な方法は、ぬれたおむつの枚数を数えることです。母乳の栄養成分は赤ちゃんに吸収され、残りの水分はオシッコとして出ますから、オシッコがたくさん出ていればおっぱいは足りています。おむつが1日6～8枚たっぷりぬれていれば、安心してください。

赤ちゃんが元気におっぱいを飲んでくれなかったり、ふっくら太ってこない場合は医師に相談してください。

Q2 お母さんが、薬をのむ場合は母乳をやめなければいけませんか？

A お母さんがのんだ薬のごくわずかの量は、母乳中に移行しますが、ふつうは1パーセント未満といわれています。したがって、服用しながら授乳を続けても赤ちゃんに悪い影響を与えるものはほとんどありません。薬の種類にもよりますから、安易に母乳をやめてしまわないで、医師などに相談してみましょう。

Q3 乳首が短いのですが、飲ませられますか？

A 乳首の扁平な方でも、意外に赤ちゃんは上手に吸ってくれるものです。抱き方を工夫することで、ほとんど飲めるようになります。

赤ちゃんのおへそとお母さんのおへそが合うように、ぴったり抱っこしましょう。クッションなどもうまく利用してみてください(図1)。

そして、乳輪部まで深くくわえさせるのがコツです(図2)。縦抱きやフットボール抱きなど(図3)、うまく吸い付ける方法を試してみてください。

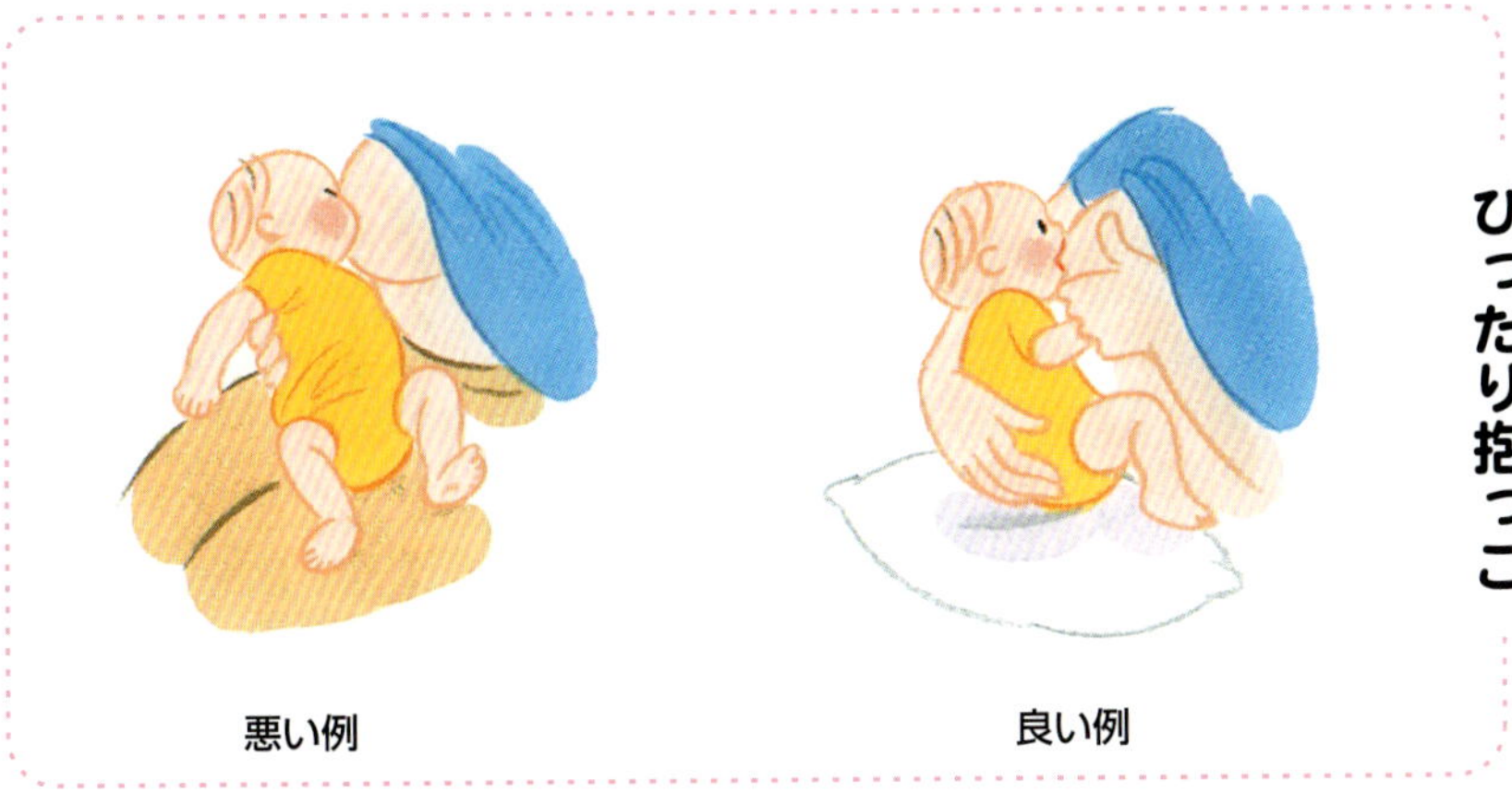
ぴったり抱っこ
悪い例
良い例

図1

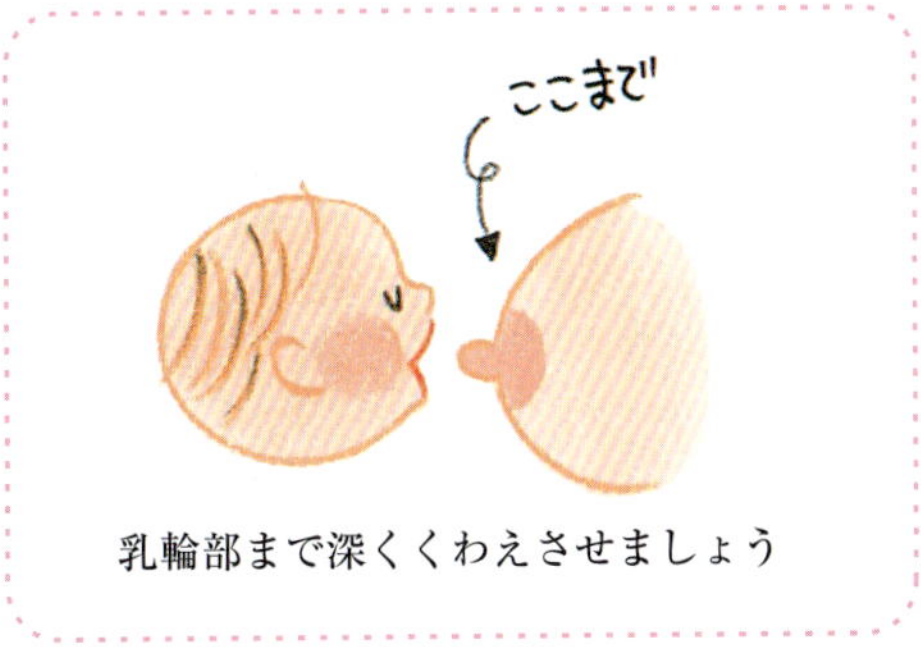
ここまで
乳輪部まで深くくわえさせましょう

図2

縦抱き
フットボール抱き

図3

◎沐浴のコツ

宮本牧子（助産師）

沐浴は、新米のお父さんお母さんにとっては赤ちゃんのお世話に慣れる絶好のチャンスです。できれば、お父さんにどんどん参加してもらいたいと思っています。先輩のおばあちゃんが、不安なお父さんやお母さんを助けてあげられるといいですね。それでは、沐浴のポイントをお話ししていきましょう。あまり、細かなことは気にせず、肩の力をぬいて、沐浴タイムを楽しんでくださいね。

沐浴の準備

注意（チェック）

1、赤ちゃんの体調、機嫌はよいですか。
2、湿疹、下痢、嘔吐、風邪症状などはないですか。
3、沐浴の準備を整えて始めます。
4、授乳の直後は避けます。

◎ バスタオル

衣服の上に開いて置き、
体を包むようにしてふく。

◎ ベビーバス

感染予防と安全のため、
1～2ヵ月くらいまで使用。

◎ タオル

体にかけて不安を取り除く。

◎ 洗面器

かけ湯に使う。
少し熱めのお湯を準備しておく。

◎ 湯温計

夏38度～39度くらい。
冬39度～40度くらい。

◎ 石けん

刺激の少ない固形のもの。

沐浴とは、あかを落とすだけでなく身を清めることをいいます。赤ちゃんが疲れないように、手早く入れてあげられるよう、お母さんをサポートしてあげてください。赤ちゃんとお母さんがリラックスできるよう、時には音楽を流すのもよいですね。やさしい声かけと笑顔で、さあ、始めましょう。

手入れ用品

綿棒、クシ、カット綿、爪切り、へその消毒液。セットにしておくと便利。

着替え

衣服を重ねて袖を通し、前開きにし、おむつカバー、おむつを置く。

シート

ベビーバスの下に敷く。
台所、洗面所などで立って行うと楽でしょう。

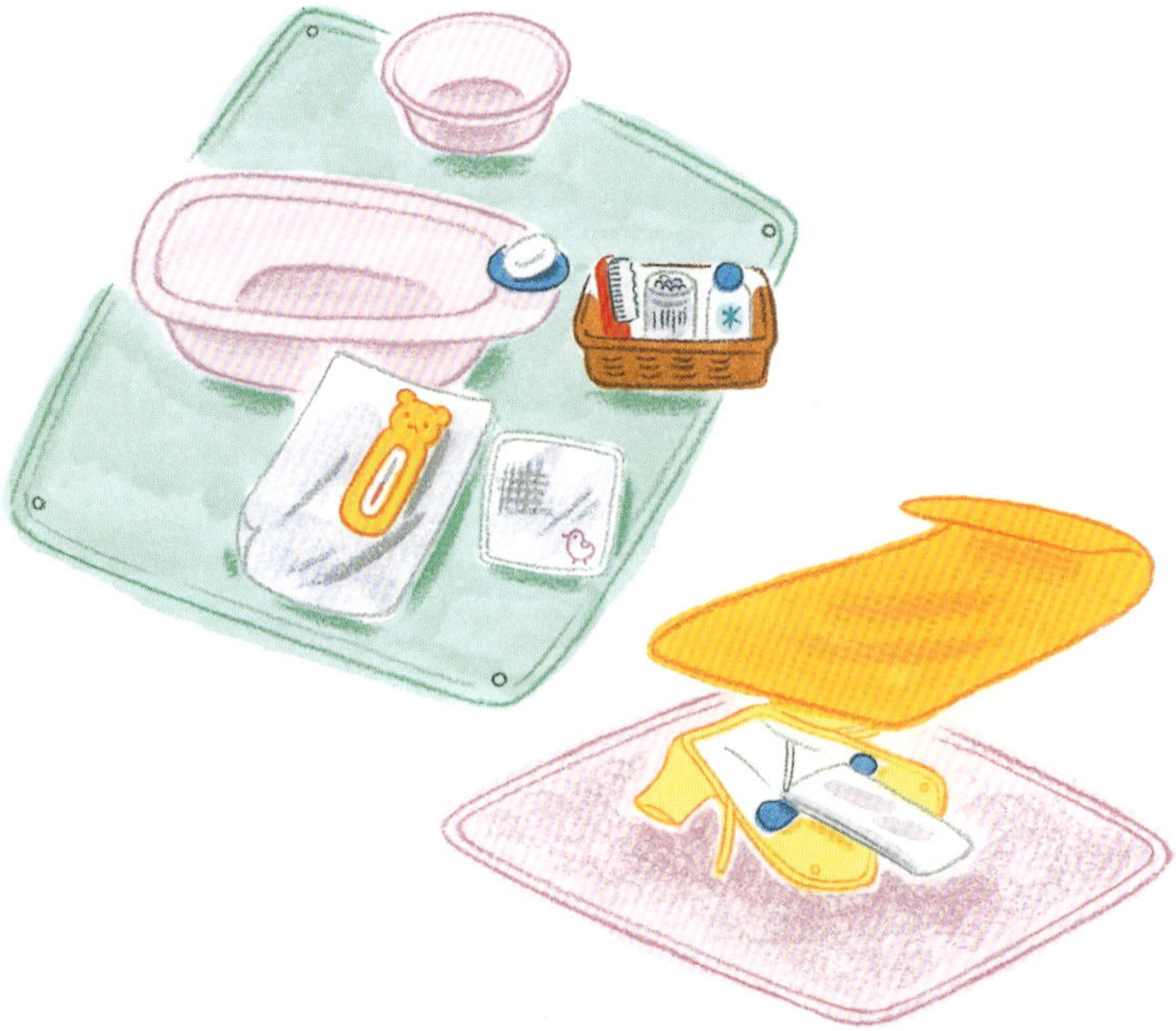

さあ、沐浴を始めましょう！

1 基本ポーズ

きき腕の反対の手で首をやさしくささえ、もう一方の手でおしりをしっかり支える。

2 沐浴布をかける

タオルを上半身にかけてあげると、落ち着く。

3 足からゆっくり

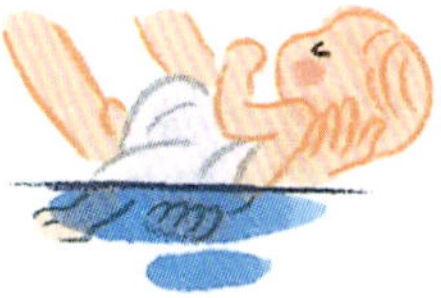

足からゆっくり入れ、肩までゆっくりつからせ、やさしく声をかけてあげる。

4 顔をあらう

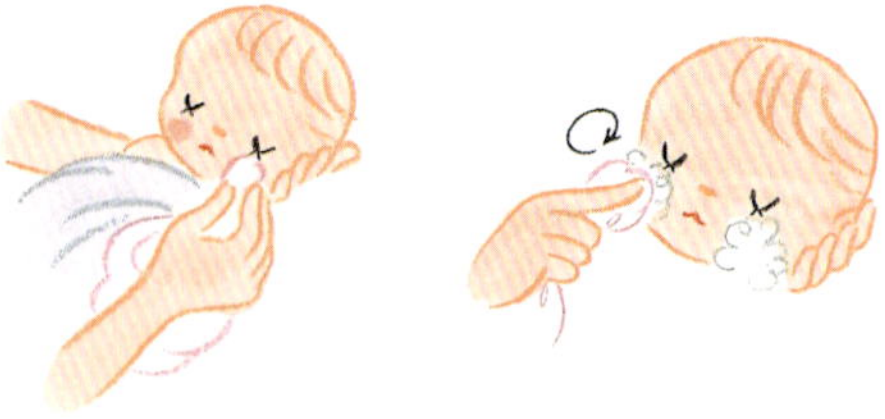

目やにがついていたらきれいにふきとる。

おでことほっぺは、泡だてた石けんで丸を描くように洗い、ガーゼできれいにふきとる。

5 頭をあらう

頭をゆっくり下げてぬらし、手に石けんをとり、爪を立てないよう頭皮を洗う。
※シャンプーはいりません。

6

首をあらう

首を伸ばしてくびれた部分をよく洗う。

7

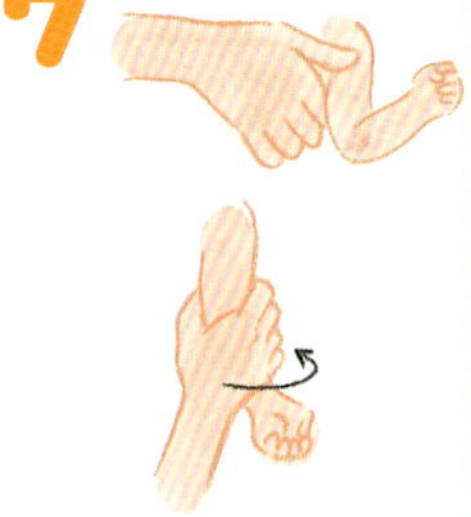

腕をあらう

わきの下は指を入れてよく洗い、腕は指先までクルクルとすべらせて洗う。

8

おなかをあらう

おへそを中心に「の」の字を書くように洗う。

9

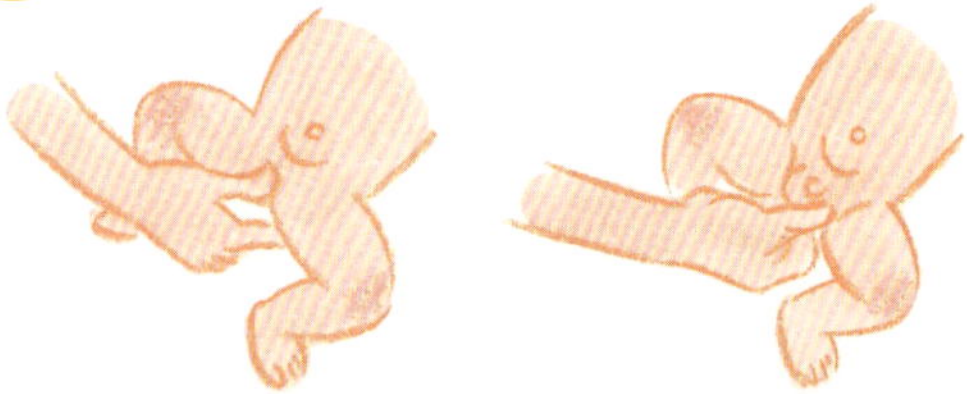

股の間をあらう

汚れが残らないようにていねいに洗う。特に男の子はたまたまの裏側、おちんちんの先もやさしく洗う。

10

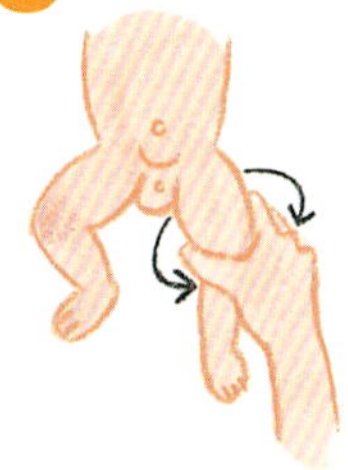

足をあらう

足も腕と同じように足先まで洗う。

ポイント　滑らないように裏返す方法

お布団の上で練習すると安心です。

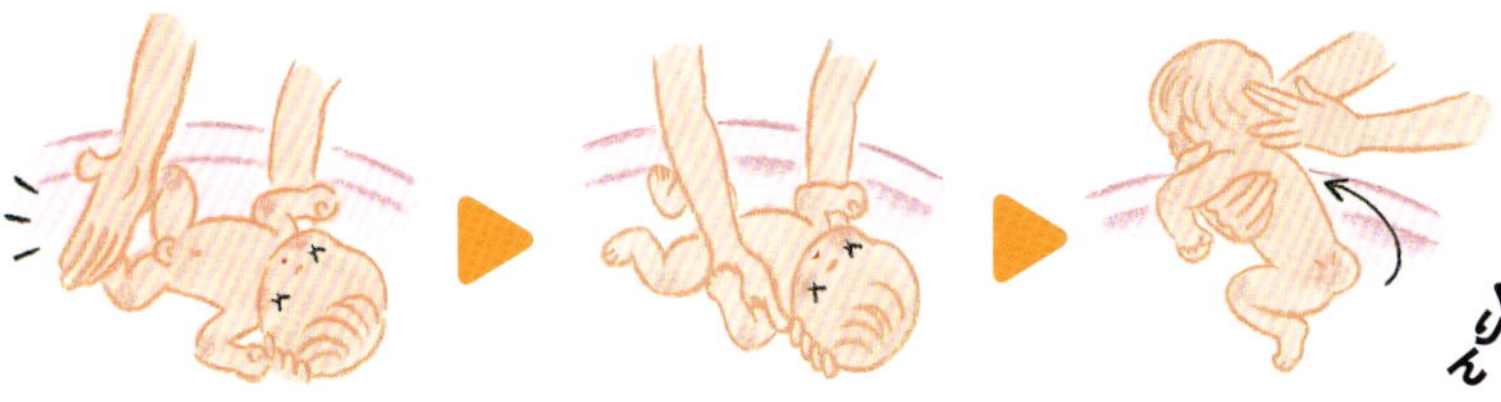

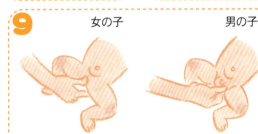

11

背中をあらう

首のくびれ部分をよく洗い、背中全体を円を描くように洗う。

12

おしりをあらう

肛門のまわりをしっかり洗う。

13

上がり湯をかける

湯面より引き上げ、足元から背中に向かってゆっくりお湯をかける。お湯が冷めていないか確かめておく。

14

ふく

押さえるように、くびれた部分をていねいにふく。

お手入れ

着物を着せる前に

着せる前に、少し裸の赤ちゃんと遊んでみてください。マッサージなどが、きっとよいコミュニケーションの時間となるでしょう。早く着物を着せてしまうと、着物の中で熱気が冷めて風邪をひきやすくなります。

鼻の手入れ

鼻くそが見えれば頭を固定し、綿棒にからませるように取り除く。
※沐浴後がやわらかく、取り除きやすい。

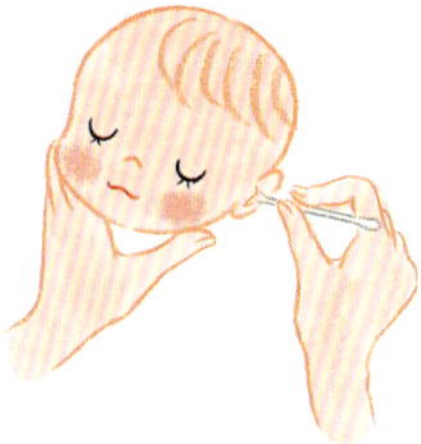

耳の手入れ

頭の動きに注意して入り口あたりをそうじする。ガーゼでふいてもよい。

おへその手入れ

カット綿に消毒液をつけ、ジクジクがなくなるまで毎日ふく。

着物を着せる

前もって袖を通しておいた肌着とベビー服はむかえ袖にして、一度に腕を通すと簡単。途中おしっこをすることがあるので、おむつは、かならず予備を手元に準備しておく。おむつは、お腹をしめつけないこと。

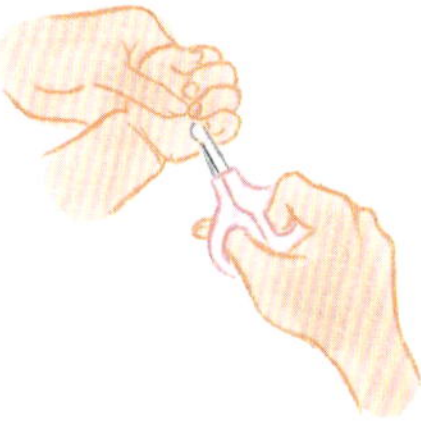

爪の手入れ

深爪しないように、指を一本ずつ固定して切る。
※切りにくいときは誰かに抱っこしてもらうか、眠っているときに切るとよい。

沐浴のQ&A

Q1 ベビーバスは必要ですか?

A 細菌感染の予防と安全のために、一カ月くらいは赤ちゃん専用のお風呂を使用してください。ベビーバスも少し大きくなった時、行水の時に使用すると便利ですよ。

ベビーバスの利用が一般的ですが、最近ではシャンプードレッサーやシンクを利用する沐浴グッズもあります。清潔に使用できれば問題ありません。

Q2 ベビーパウダーをしなくてよいですか?

A 湿疹の原因になることがあります。特に必要ありません。

Q3 湯上がりの水分補給は必要ですか? どんなものがよいでしょうか?

A 湯ざましなどは必要ありません。欲しがれば、母乳を飲ませてあげてください。

Q4 沐浴できない時は、何もしなくてよいでしょうか?

A 顔とくびれた部分(あごの下、わきの下、足の付け根)とおしりをふいてあげましょう。

Q5 沐浴の時、泣いて嫌がります。どうしたらよいですか?

A 泣く一番の原因は、裸にされた不安が考えられます。しっかり布でおおい、手でしっかり支えてみてください。

お母さんの様子はいかがでしょう。緊張のため、こわい顔、無口になっていませんか。しっかり声かけすると、お母さん自身も緊張がとれて、洗う手の動きもスムーズになっていきます。

沐浴は、赤ちゃんやお母さんにとって、安全で楽しく和やかなひとときになるように協力してあげてくださいね。

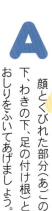

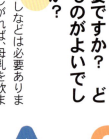

◎出産から一カ月くらいのこと

中山真由美（小児科医）

赤ちゃんを迎える準備

◎病院選び

生まれてくる新しいいのちを迎えるために、どのような準備をしておいたらよいでしょう。出産の体験はその親子にとって、子育てのスタートに少なからず影響してきます。両親が主体的にお産に臨み、自分たちの満足する出産を迎えられたとき、その後の育児もスムーズにスタートできます。

お産はどこでしても同じと思われがちですが、最近では、それぞれの病院によってさまざまな特徴があるようです。ただ、家が近い、だれかのお勧めというだけでなく、いろいろな情報を集めて自分たちの考えに合った病院を選ぶことが大切です。

そこで出産した知人の話を聞いたり、実際に行って話を聞いてみるのもよいでしょう。医師は納得できるように説明してくれるでしょうか、スタッフとの相性はどうでしょうか。特に、母乳で赤ちゃんを育てたい場合は、なるべく早くから母子同室ができるか、入院中ミルクを飲ませるのか、授乳の指導はしっかりしてくれるかなど尋ねてみる必要があります。国立岡山病院名誉院長で小児科医の故山内逸郎先生によれば、その施設で出産したお母さん三人に聞いてみて、三人とも「母乳だけでした」という施設を選ぶこともポイントだそうです。

母親学級や父親学級（両親学級）なども積極的に参加すると、その病院の方針がよくわかるでしょう。もちろん、予期せぬことが起こるときもあります。日ごろから上手にコミュニケーションをとっておきましょう。特に、里帰り出産の場合は、お互いの意思の疎通が十分でないこともありますので、しっかり話し合うようにしてくださいね。育児書や雑誌などから情報を集めるのもよいことですが、かえって、情報に振り回されないよう気をつけてください。

小児科も病気になってからあわてて探すのではなく、妊娠中から考えておきましょう。育児サークルや育児支援サービスなどもどんなものがあるか情報を集めておくとよいでしょう。

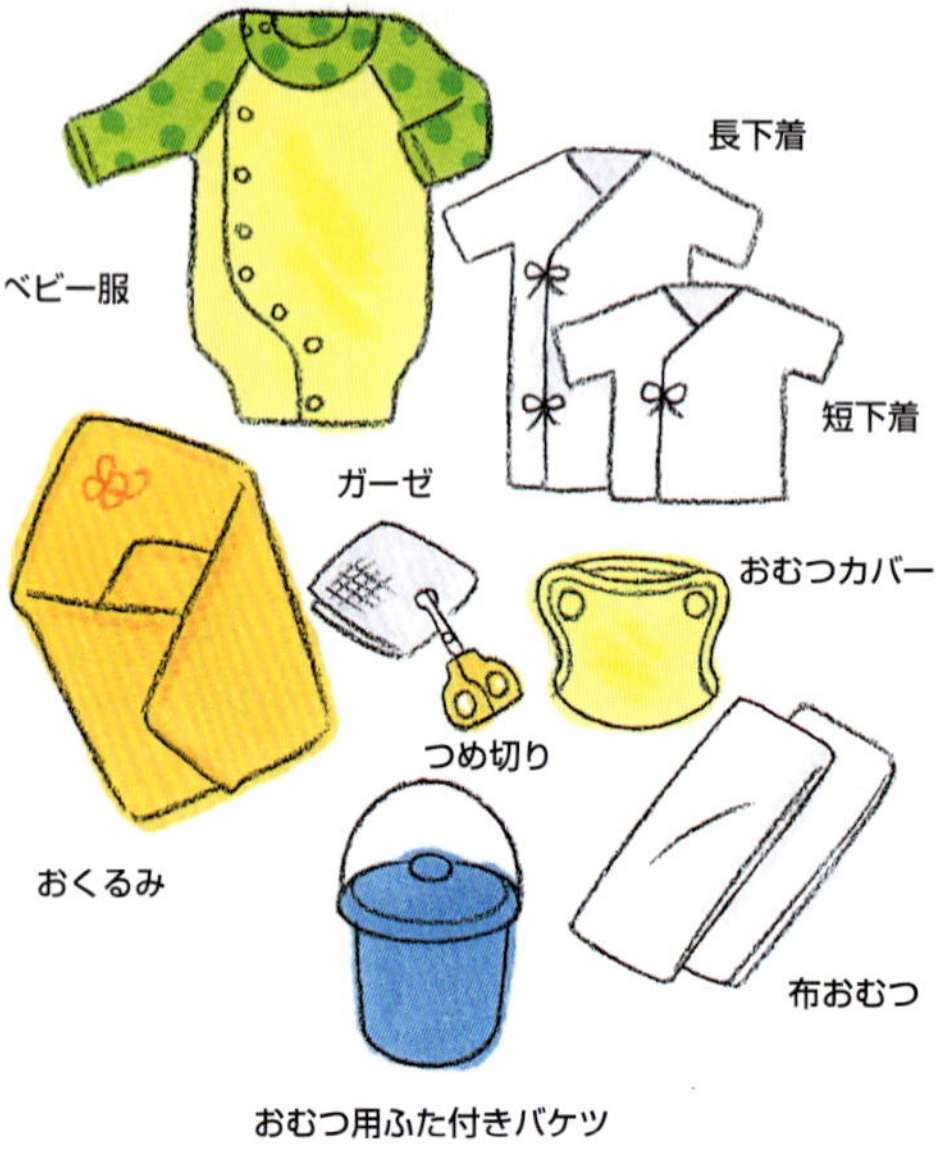

◎準備するもの

育児用品は見ていると、あれもこれも買いたくなってきますよね。でも、本当に必要なものは、意外と少ないものです。大きなものはあとでじゃまになりますから、友達から借りたり、レンタルを利用して無駄のないようにしましょう。

ベビー服も、すぐ小さくなって

着られなくなるものですし、かわいいけれど実用的でないものもあります。それぞれの好みもありますので、よく相談して買いましょう。

○必要なもの

短下着、長下着（夏は不要）、ベビー服
布おむつ、おむつカバー、紙おむつ
おむつ用のふた付きバケツ
おくるみ（暖かい季節はバスタオルで代用も可）
つめ切り（ベビー用）、ガーゼ
（ベビー布団　夜はお母さんと一緒に寝ることが多いのでなくてもよい）

○必要に応じて買いそろえればよいもの

ミルク、哺乳びん（どうしても必要なときに買いましょう）
ベビーベッド（場所を取るわりにあまり使わないので、よく考えてそろえましょう）
ベビーバス（借りるのも便利、赤ちゃん専用で清潔に使用できれば、他のものでも可）
体温計（耳式体温計は測りにくい。ふつうのものでよい）

○不要なもの

おしゃぶり、クーファン（赤ちゃんを寝かせるかご）

お孫さんのためにプレゼントしたいものがあると思いますが、お父さんやお母さんとよく話し合って、本当に必要なものを買ってあげてくださいね。

新生児の特徴

◎体重増加

赤ちゃんの体重は、ふつう最初の一週間で一五〇～三〇〇グラム、あるいは五～一〇パーセント減少し、それから増え始めます。ときには、一五パーセントくらい減少することもありますが、その後の体重増加が良ければ問題ありません。

赤ちゃんが欲しがるときに欲しがるまま、何回でもおっぱいを飲ませましょう。三時間くらい空けて飲ませるほうがよく飲めそうな気がするかもしれませんね。しかし、実際は回数多く飲ませる方が、赤ちゃんはより多くの母乳を飲んでいるようです。心配なときはミルクを飲ませる前に、医師や助産師に相談してください。

◎泣く

赤ちゃんはすべての欲求を、「泣く」ことで表現します。新米のお母さんは赤ちゃんの欲求にちゃんと応えてあげられるかどうか自信がないため、「泣かれる」ととても不安になります。まわりからも、「泣く＝母乳不足」「泣く＝お母さんの育児の仕方が悪い」と言われることが多いので、「赤ちゃんの泣き声」はお母さんから育児の自信をどんどん奪っていくようです。

しかし、赤ちゃんにも生まれながらの気質があって、どんなに母乳がよく出て、育児が上手でも、よく泣く赤ちゃんがいるのも事実です。いわゆる「手のかかる子」と言われる赤ちゃんですが、実は「感受性の豊かな子」なのです。こういう子は要求も多いので、いつもたくさん抱っこしてもらえ、他の人に預けられないのでいろいろなところへ連れて行ってもらえ、お母さんと近いところで寝かせてもらえます。昼も夜も一日中何回もおっぱいをしゃぶっていて、乳離れも遅いことが多いようです。

まわりの人からみると大変な子のように思えますが、本当はいっぱい手や気持ちをかけてもらえる「ラッキーベビー」なのです。しかし、こういう子はしっかりとかかわってもらうことで、やる気のある、思いやり深い子に育っていくものです。もし、こんな「ラッキーベビー」ちゃんを授かった方は、将来の投資と思って忍耐強く接してあげてくださいね。きっと、いっぱいもらった子は、大きくなるといっぱい与えることのできる大人に育ってくれると思います。

◎黄疸

生まれて三～五日ごろ「黄疸《おうだん》」といって、皮膚が黄色くなってくる赤ちゃんがいます。たいていは生理的な黄疸で、一週間ごろをピークとして消えていきます。ときには、赤ちゃんの皮膚に光線を当てる治療をおこなうこともありますが、心配はいりません。母乳はそのまま続けてください。

◎湿疹・おむつかぶれ

生まれて一〜二カ月の赤ちゃんの顔はベタベタ脂っぽく、ニキビのような湿疹や、頭にかさぶたのような湿疹ができることがあります。沐浴のときせっけんでよく洗ってあげてください。

ウンチの回数が多く、おむつかぶれもできやすい時期です。まずは、清潔がいちばん。おむつを替えるときゴシゴシこすらず、ぬるま湯で洗い流すようにしてあげると、赤ちゃんも気持ちがいいと思います。こまめに洗ってあげてもひどくなるときは、医師に相談して、塗り薬なども使用してみてください。

◎あざ

赤いアザ、青いアザ、茶色いアザなどをもっている赤ちゃんがいます。自然に消えるものもあれば、残るものもあります。現在はレーザー治療等も可能ですので、気になれば医師にご相談ください。

目に見える湿疹やアザはおじいちゃんおばあちゃんが心配している以上に、お母さんは気にしているものです。「アトピーじゃないの?」「女の子なのにこんなところにアザなんかあって」などは禁句です。お母さんが話題にすれば、聞いてあげる程度のほうがよいと思います。

◎ウンチ

生まれて二〜三日は胎便といって黒い便が出ますが、その後はだんだん黄色くなります。母乳の便は水分が多く、少しすっぱい臭いがします。はじめの一〜二カ月は、一日一〇回以上出ることもあります。ミルクの便はやや粘り気があり、回数もやや少なめです。黄緑色になることもありますが、赤ちゃんが元気なら心配いりません。

◎体温調節

赤ちゃんの平熱は三六・五〜三七・五度くらいです。新生児は体温調節が未熟ですから、特に冬の低体温には注意してあげてください。夏も冷房の風が直接当たらないように気をつけてください。手足が冷たくなったり、体温が下がるようなら、暖かめにしてあげましょう。

着る物は、はじめの一〜二カ月は大人より一枚多めですが、だんだん暑がりになりますから、そうなったら少なめにしてあげましょう。背中をさわって汗ばんでいるかどうかも、ひとつの目安です。靴下はよほど寒いとき以外は室内では不要です。

◎感染予防

新生児は抵抗力が弱く、普通の風邪でも重症になることがあります。一カ月ごろまでは風邪をひいた人とはなるべく接触しないようにしましょう。人ごみの中への外出も避けましょう。もし、三八度以上の発熱があり元気がない、お乳の飲みが悪いなどの症状があるときは、早めに医師の診察を受けてください。

ちょっと気になること

◎お乳を吐く

赤ちゃんは胃の構造上、生まれて数カ月はよく吐くものです。お乳をよく飲んで、機嫌も良く、体重の増えも良ければ問題はありません。吐きやすい赤ちゃんは右側を下に、横向きに寝かせてあげてもよいでしょう。大きくなるにつれ、しだいに吐かなくなるものです。

◎げっぷ・しゃっくり・くしゃみ・鼻づまり

「げっぷ」のコツは赤ちゃんをたてに抱いて、お腹に少し圧力をかけるようにすることです。背中を軽くたたいたり、さすってあげてもよいでしょう。母乳の赤ちゃんはあまり空気をのまないこともあって、「げっぷ」が出にくいこともあります。しばらくして出なければ、そのまま寝かせてもかまいません。心配なら横向きに寝かせてあげましょう。

赤ちゃんはとてもよく「しゃっくり」をします。欲しそうならお乳を飲ませてあげてもよいですし、そのまま様子をみてもよいでしょう。一時的なものでしばらくすると止まりますから、心配はいりません。

冷たい空気やホコリなどの刺激で、赤ちゃんはすぐ「くしゃみ」をします。気温の変化や刺激物の影響で、鼻づまりも起こしやすいようです。お乳もよく飲め、ほかに症状がなければ風邪ではありませんから、いつもどおり過ごしてください。

◎向きぐせ

いつも同じ方向ばかり向いていると、頭の形がいびつになることがあります。向きにくい方にも向かせるよう工夫してみましょう。反対側に向けないほど向きぐせが強い場合は、医師にご相談ください。

◎おへそ

へその緒は一週間くらいで自然にとれますが、その後しばらくおへそがジクジクする場合があります。消毒していてもよくならない場合は、病院で処置してもらいましょう。おへその周りの皮膚が赤く腫れるときも受診してください。

◎乗り物について

実家から自宅に帰る、あるいはその逆の場合の乗り物ですが、それぞれに長所・短所がありますので、家庭の状況に合わせて利用していただきたいと思います。自家用車は荷物を持ち運ばなくてよく、授乳やおむつ交換のとき人目を気にしなくてよいのですが、交通渋滞のおそれや事故の危険も他の交通機関より多いので、ゆったりとした計画で移動するようこころがけてください。

新幹線や電車では、授乳やおむつ交換で人目が気になるし、多くの人と接触するので、小さいうちは感染も心配です。冷暖房の効きすぎもありますから、調節しやすい服にしておくとよいでしょう。飛行機も同様です。離着陸時の気圧の変化も問題はありませんが、ぐずるようならお乳を飲ませてあげるとよいでしょう。

いずれにしても、赤ちゃん中心のスケジュールで、ふだんの生活をなるべく乱さないような計画にしましょう。

おじいちゃんおばあちゃんへのお願い

◎お父さんをもっと育児に！

女性は、妊娠、出産、母乳育児などを通じて「母」へと変わっていけますが、男性は「父」へ変わるきっかけがなかなかつかめない人もいるようです。核家族化の進んだ現代では出産・育児において、お父さんをどんどん味方につけていくことが楽しい育児の秘訣でしょう。少しくらい下手でも、気が付かなくても大目に見て、まずはお父さんの参加しようとする気持ちに感謝したいものです。

○母方のおばあちゃんへ

母娘がとても仲が良いのはいいことですが、夫婦以上に仲が良いのは要注意です。孫もかわいいけれど、娘が大変な思いをしているのは見ていられないとばかり、つい手や口を出しすぎていませんか。お父さんの役目まで奪い取ってしまわないように、お父さんの足りないところをおばあちゃんが助けてあげるつもりでいてください。

お母さんも、言わなくても何でもしてくれる実母の方が頼りになるかもしれませんが、頼りすぎないで、お父さんを一番頼りにしましょう。里帰り出産の場合、孫に長くいて

もらいたいでしょうが、一カ月くらいを目安に、早めにお父さんのもとに返してあげてください。

○父方のおばあちゃんへ

大事な息子が家事や育児をするなんてかわいそう、許せない、と思いますか。お父さんが出産に立ち会ったり、早くから赤ちゃんと触れ合うことは、父と子の絆を築くうえでもとても大切です。

積極的なお父さんにはどんどん育児、家事に参加してもらいましょう。そうでないお父さんにも、できるところから参加してもらいたいものです。お父さんが、いろいろな意味で頼りになる存在となることは、家族にとってとても重要なことです。

◎お母さんのこころを乱すような言葉は耳に入れないで！

出産後しばらくは、お母さんのこころはとても傷つきやすくなっています。ちょっとしたことでつらくなることがあります。「母乳が足りてないんじゃない？」「そんなに泣いて、かわいそうよ」など、お母さんを不安にさせるような言葉は「百害あって一利なし」です。

「○○○しないとダメよ！」「○○○しなさい！」などの批判や命令も、たとえ善意であっても、お母さんから自信を奪っていきますから気をつけてくださいね。できればお母さんの子育て法を応援するようなアドバイスをしてあげてください。

◎座談会　一歳までの孫育て

山縣威日（産婦人科医）
患者様にもスタッフにも絶大な信頼と人気を誇る、頼りになるおひげの先生。赤ちゃんを見る目が、最近孫を見る目になってきたような……？

安井郁子（助産師）
陣痛の最中でも笑わせてしまうというユーモアたっぷりでありながら、確かな腕をもつカリスマ助産師。美人三姉妹の母でもある。

中山真由美（小児科医）
三人の子どもを自らも母乳で育て上げた優しいお母さん先生。多忙ながら医師と母と妻をこなすスーパーウーマン。

鶴川明子（保健師）
優しい声とその笑顔に迎えられるとホッと何でも相談してしまうという、悩めるお母さん達の心強い味方。本人も三人の子育てに奮闘中。

宮本牧子（助産師）
お産も芸術的な作品のように思い出深いものに昇華させる魔法の力をもつ助産師。家庭では一男一女の母。

山縣　孫育てのいろいろな知恵を出そうという座談会です。それでは、産まれてすぐの赤ちゃんの話から始めましょう。

新米ママは赤ちゃんの抱っこもひと苦労

　最初、なかなか抱っこできない、おっぱいが飲ませられないというお母さんが多くいらっしゃいます。そのことに対するアドバイスをしてください。最近、抱き方の練習をやっていますが効果はどうですか？

安井　以前ほど怖いとかを、言われなくなったような気がします。

鶴川　ビデオや写真を見るより、実際にやってみるとよくわかるようですね。

中山　普通の抱き方だけではなくて、フットボール抱きや縦抱きなど、いろんな抱き方をしていいということを妊娠中から知ってもらって、体験していただこうと思っているんです。

赤ちゃんはピタっと抱っこ

山縣　お母さんが抱っこしているのを部屋で見ると、ピタっと身体にひっついていないです。赤ちゃんが真上を向いた状態で抱いているんです（55頁図1悪い例参照）。ピタっと抱っこすれば、赤ちゃんの脇からおなかのあたりはペタっとお母さんにひっつくじゃない（55頁図1良い例参照）。よくおっぱいを飲ませるときに、手を後ろに回してというでしょう。あれがなかなかできないみたいです。

中山　宙で長時間抱いていると結構疲れますよね。うまくクッションとか枕を赤ちゃんの下に入れてあげると力は加えてなくても、ピタっとくっついた状態になるので楽ですよと、お母さんに言っています。実際は、いろいろとやってみて自分に合った方法をみつけて、うまくアレンジしていかれたらいいですよね。

山縣　なるほど。

鶴川　昔は小さい子を扱う機会はけっこうありましたよね。でも今は、「（赤ちゃんを）見るのも初めてです」という方も多いから、怖いとよく言われますね。

中山　人形を渡しても、渡されたままでどうにもできないという感じです。キュッと自分の身体にくっつけるということもできない。やはり初めての方はむずかしいですね。二人目とかになると肩の力が抜けて、楽しそうに抱っこして、何でもしています。

抱き方もいろいろ

山縣　それとよくおっぱいを飲ませるときに、乳首の形によってはフットボール抱き（55頁図3参照）にしたりするでしょ。あれはどうなのだろう。本来的に言ったらああいうものは必要ないように思うけど。

安井　昔は、フットボール抱きなんてなかったですね。

山縣　今は効率よく飲ませようというのが、基本にあるのだろうね。乳首の形によって横抱きにしたり、フットボールにしたりといろいろするのだけど。慣れてしまえばどういうふうに吸ったってそれは構わない。僕は乳首を実際につまんでみて、つまみやすい方向に赤ちゃんの口を合わせるように抱きなさいと、言うのだけれど……。

安井　乳首の扁平な方の場合、できるだけ赤ちゃんをお母さんに近づけて、正面からしっかり乳輪まで深くふくませるように縦抱き（55頁図3参照）にしたりします。

宮本　それとあとはしこりの部分をできるだけ、下唇側にくるように。外側にしこりがある場合はフットボール抱きのほうが落ち着きます。あとは同じ方向からずっと吸っていると、乳首がちょっといびつになりますし、傷がつくので、傷の痛みを取る意味で、いろいろと縦抱きにしたり、横抱きにしたりと言います。

山縣　なるほど、それは確かだよね。

安井　乳輪まで深くふくめていると、たくさん飲みます（55頁図2参照）。乳輪までふくまそうと

思ったらやはりいろいろな抱き方になってしまうかな。

じょうずに飲めているかの見分け方

山縣　僕たち専門職は、浅いとか、しっかり吸っているとかいうのが分かるでしょうけども、お母さんが自分で見て、赤ちゃんがよく吸っているかどうか、簡単にわかる方法はどうだろう?

安井　エクボができているときは、吸えてませんよと教えています。

山縣　エクボね。それはいい話だね。

宮本　あとチュパチュパと音がしているのもダメですね。

山縣　僕はドナルドダックみたいだったらいいよと言うのだけど。こういうふうにカプッと。

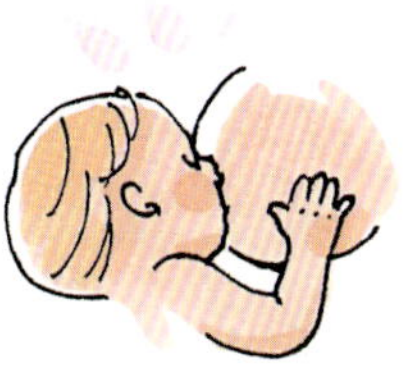

安井　そう、朝顔みたいな感じ。

山縣　朝顔、それはいい感じ。

中山　あごがしっかり動いて、耳が動くぐらい……。

宮本　「今、吸えていますよ」というのを教えてあげると「ああ、分かりました。では今までのは吸えていなかったですね」みたいに、自分で吸えているときと、吸えてないときというのがだんだん分かってくるようになります。

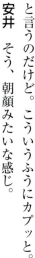

休み休み飲む赤ちゃんは起こす?起こさない?

山縣　それからもう一つ、赤ちゃんは休み休み吸うじゃないですか。そんな時ホッペをよくつっつきます。「はい、吸いなさい」と。あれはよくないというふうに僕は教わったのだけど、どう思いますか。

安井　体重の少ない赤ちゃんとか飲む力が弱い赤ちゃんは少し休んでいるとそのまま眠ってしまったりします。そして置いたら起きて泣くを繰りかえす時がありますから、そういう時は一、二、三と数えてまだ休んでいる時は刺激してみます。

宮本　そうですね。あとお乳をちょっとつついたり、足の裏をつついたりくすぐったりしますね。お乳をはずすようにしたり、少し振動を与えるようにするとまた飲みます。

山縣　確かに、生まれてすぐ、三日以内の子どもの中で特に小さい子。フニャーッとしてますね。確かに何かくわえているだけで、気持ちがいいという子がいるものね。

中山　大きい子は、ほっといてもクーッと飲んで、カッと寝るのですけど。

安井　小さい子は、やはり少し起こして飲ませるようにします。

山縣　そうそう。また、飲ませながら、おっぱいをしぼる人もいるけど、あれはあまりよくないね。

宮本　舌の絡まりがとれますからね。

山縣　いつかそういうお母さんで、結局、お母さんがしぼっているのを受けて飲むだけという子どもがいたけど。

中山　ああ、吸わなくても口の中に入ってくるんだ。

山縣　うん。それも慣れちゃってね。

安井　かしこい。(笑)

夜は添い寝、添え乳で

山縣　夜間授乳の話だけど、もう泣いて泣いて困る赤ちゃんがいるじゃない。生後三日ぐらいは、お乳を出すためにがんばってもらわなくてはいけないわけだけど、ずっと泣く子がいるでしょう。

宮本　ほとんど添え乳になりますね。入院中のお母さん方は夜中二時ぐらいまでは、普通に座って普通の抱き方で飲ませていて、その後は朝方四時、五時ぐらいまで置いたら泣くということが続きますから、もうそうなったら添え乳をします。お乳を吸っていなくても、添え乳をしている体勢で寝てくれるようなのです。ずっと、五時間も六時間も吸い続けるということはないです。やはり添え乳して、お母さんのぬくもりとにおいとででしょうね。そうするといつの間にかお母さんも一緒にやんわりして、寝てしまう。本当に脇の下で寝ている。

山縣　そうだよね。添え乳が一番だね。

安井　一番ですね。

山縣　よく添え乳は窒息するのではないかと言うのだけど、添え乳で赤ちゃんが危険ということは、まずないと言われていますね。

中山　お母さんが特別に睡眠薬とかアルコールをたくさんのむというような特殊な状況がなければ、心配ないと思いますよ。わりとお母さんの方がうまく逃げて、落ちそうになりながら赤ちゃんを守っていますね。

山縣　あんな小さい赤ちゃんがくっと近づこうとすると、お母さんはずんずんと離れていって、結局隅っこに寝ているからね。

中山　それで赤ちゃんはベッドの真ん中にいて。

山縣　僕もそれは心配ないから、帰ってから添い寝、添え乳をしてくださいと言うのです。そうすると「してます。でも泣くのです」と言う人がいるの。どうしてかとよく聞いてみたら、自分は自分の布団に寝て、赤ちゃんは隣の布団に寝ていて、泣けばそちらに行って飲ませてまた帰る。「それは違う、一緒に寝るんだよ」と説明する。どうもよく伝わっていないお母さんがいるね。

知恵と工夫で楽に子育て

山縣　あのへん、一つの知恵だよね。やはり一緒に寝てるとお母さんも皮膚感覚とか表情で赤ちゃんの状態が分かるけど。ベッドに別に寝かせてしまうと、なかなかそれは難しいかなと思うのだけれど。

中山　今はあまり五感というのを使ってはいない

ですよね。自分の感覚を信じるというのに慣れていないので、ついつい数字とか、そういうものに頼って「これで大丈夫だよ」というのがもらいたいという。

山縣　そうだよね。自信がないから「お墨付き」みたいなものをね。

中山　ああやってみたらいいかな、こうやってみたらいいかなとか、こういう方が楽だとか、こうだけど大丈夫そうとかいうのが育児をしていくなかでだんだん育ってくれたらいいなと思います。

山縣　確かに知恵を出して、自分がいかに楽に育てるかだから。

中山　昔は一緒に寝たり、おんぶしたりを「仕方がないから」やることでわりとうまくいっていたのに、逆に今は難しくなったような。

山縣　そう、おんぶだって特別なことのように思うから。

中山　意識して「おんぶしなきゃ」でなくて、おんぶしなければ家事ができなかったから、やっていた。知恵が自然にお母さんから出ていた。

山縣　少し日が経った夜泣き対策で結構成功したのは、顔が見える位置に寝かせなさいということです。一カ月から二カ月ぐらいの子どもが泣くときには顔と顔が合うように寝かせると、寝息が聞こえたり、顔が見えるので、安心しているみたいだね。一緒に寝る寝方はそんなところかな。

お母さんのカンガルー、お父さんのカンガルー

安井　自分の胸の上にうつぶせに寝かせるのも、とても落ちつきますよ。私たちはカンガルーと呼ぶんですけれど、あれが意外にいいようです。

山縣　実際、カンガルーは本当にいいと思うよ。僕は下の子の時、家にいるときはほとんどカンガルーをやって——そのころカンガルーという言葉はなかったけど——当直以外は僕の胸で寝ていたよ。谷間がないから、ぶつかることがないので、いいのかもしれないけど。

　だからほとんど、子どもは肌着一枚と、僕はランニング一枚、上はタオルケット一枚で、冬なのにすごく暖かい。そしたら絆みたいなものが生まれます。

おもしろいね。なんとなく自分が産んだ気になるものね。おっぱいのときだけ母親にあげて。
宮本　時々付き添いでご主人が泊まられたりすると、お勧めすればされますね。
山縣　いいなと思います。ぜひ、お父さんにお勧めだね。

安井　すごく触れあっている子の方がかわいいでしょうね。時々「お父さんがおっぱいを飲ますのですよ」といったら本当におっぱいを出して飲ませようとされるお父さんがおられますよ。

一同　ハハハハ。

泣くのは母乳が足りないから?

山縣　それから生後三週間ぐらいから始まる、抱っこの時期。置けば泣くの時期だよね。あれでみんな間違ってしまう。おっぱいが足りないのではなく、「抱かれて安心、離されたら不安」の時期なのですね。
　それを言うとみんなホッと安心するのだけど、一カ月健診などで一日、五〇グラムとしっかり増えている子どもでも、泣くからおっぱいが足りないと思っているものね。だから置けば泣く時期なのだということと、とにかく抱っこすればいいのだと、僕はよく言うのですけど。
鶴川　生後三週間目ぐらいを目安に、電話訪問しているのですが、だいたいみなさん同じことを言われます。「ちょうど電話しようと思っていたのです」と言われるのです。「夜中に泣く」とか、「今まではおっぱいをあげたら寝ていたのに、最近は置いたら泣くから、おっぱいが足りないのかなと思う」などです。
　様子を聞いて母乳が充分足りていそうな赤ちゃんであれば、抱っこの時期であるということや授乳間隔を気にせず、母乳を飲ませてあげればよいことを話します。その時期を過ぎると、またその授乳の刺激が基になっておっぱいがどんどん出るようになるのですよ、と教えてあげると納得して、「ああ、よかった。母乳が足りないわけじゃないんですね」と安心されます。

山縣　おっぱいが出てないと、固く信じていますものね。

中山　足りないかなと思うと、赤ちゃんのすべてのしぐさが足りないことにつながって、泣くのは足りない、何かをするのは足りない、というふうに思えてきますね。それで周りからも「泣くのは足りないからじゃない？」と言われると、そうなのかと思ってしまいますね。

ミルクを飲むのは母乳不足？

中山　そのころは、反射的に何でも吸ってしまう時期なので、ミルクとか飲ませると飲んでしまいます。飲むと「やっぱり足りなかった」ということになって、体重はよく増えているのに、母乳不足と思いこんでしまいますね。

山縣　ミルクは消化が悪い分、腹持ちがいいからよく寝るのだけど、「ミルクを飲んだら寝た」となるんだよね。だから、「きっと母乳が足りないに違いない」と。自分の実の親ならまだしも、姑さんから「○○さん、おっぱいが足りないでしょ」と言われると、ウッと言葉に詰まるというのはよくあるよね。

安井　「赤ちゃんがかわいそうよ」というふうに言われるとね。

山縣　そうそう。

中山　お母さんには一番こたえますね。

安井　ミルクを買ってくるおばあちゃんもいる。

山縣　いるよね。

安井　一番すごかったのは、病院にミルクを持って来られたおばあちゃんがおられたのですよ。

山縣　うちにミルクはないといっているからね。

安井　お母さんのところに持っていったので、お母さんがあわててとんで来た。「看護婦さんがいないうちに飲ませなさい」と言われたといって。

中山　でも、善意ですからね。

安井　そうなんですよね。

山縣　悪意なら、「ほっといてください」と言えるけど、善意だから断るわけにはいかないよね。善意というのは時に困りますね。

一カ月で出生時の体重に戻っていれば大丈夫

山縣　そのあたりはおばあちゃんにもよく分かってほしいところです。僕は今までのいろいろな子どもたちを見ていて、一カ月で出生体重に戻っていればいいのだよというふうに言うのです。お母さんがおっぱいだけで育てる意志があって、生まれたときの体重に戻っていれば、この子は必ずうまくいくのだとお話しするとほっと安心するよね。

安井　でも、産科医が、意外に一カ月までに一キロ増えていないといけないとか言って……。結構そう言われるドクターが多いです。ちゃんと増えていても、足りない、とね。

宮本　保健所でもミルクを足しなさいと時々言われることがあるようです。

山縣　無理もないんだよね。学ぶ所がないから。だから本に書いてあるとおりにしか言えないし、自分が子育てしているわけでもないし。だから産科医とか保健師さんなどでもそういうことを分からない人が多いものね。そういうことを実際に見ていないから。

安井　退院のときに出生体重に戻ってないと気に入らない先生も。

山縣　まだかなり多いんじゃないですか。

安井　しっかりミルクを飲ませて出生体重に戻して退院させると、みんな安心するみたいですね。

山縣　産科のひとつの常識みたいになっています。でも、それは間違いなのだということをしっかりお話しして分かっていただくことが必要ですね。

ミルクのお土産が母乳育児の妨げになることも

宮本　病院でミルクのお土産も渡されたり……。
山縣　そうそう。
宮本　いっぱいもらう。
中山　飲ませなさいね、と言ってもらっているような感じですよね。
安井　病院がくれるとね。
山縣　「うち母乳でやっています」という産科でも結構そういう所がある。

それで○○乳業社から来て、「みなさん、一番大切なのは母乳です。でも、もしも母乳が足りないなというときになったら赤ちゃんがかわいそうなので、そのためにミルクの作り方も学びましょう」と教えてくれるというのだね。これは善意なんだよね。そして、「もしも足りなかったら、これね」と言ってミルクをくれるでしょ。
中山　ミルクをもらうということが、お母さんにとっては、「あなたのお乳は足りなくなるよ」というメッセージを与えていますよね。何もあげないで「いいおっぱいね。大丈夫よ」と言うと、「あなたのお乳は十分足りていますよ」というメッセージをあげていますよね。
山縣　そうだと思うね。だからあげないというのが一番で、それからもらわない。
中山　大丈夫よと言われて自信が持てるとよいのですが、ちょっとぐらぐらと揺れていると、どうしてもそのちょっとしたところでついミルクに手が出ますよね。ないとあげられないのだけど、夜どうしても泣いたりしたときに、そこにあればつい、使ってしまう。
山縣　なければ、がんばるしかないんだけどね。
中山　ミルクを飲んだら、眠ってくれたとなると、やはり欲しかったんだと思うし。
安井　特に育児が初めての方は、病院でやっているやり方が正しいと思ってしまうのです。夜は預かって、休ませてミルクを飲ませてくれて。赤ちゃんは夜は泣くものだというのを分からずに帰ってしまう。
鶴川　それで「帰って泣くんですけど」と言う。
山縣　確かに。最初の三日間で本当によく泣く赤ちゃんのお世話を充分に体験すると、少々泣いたってあの最初の三日に比べたらかわいいものだからね。

おじいちゃんおばあちゃんもおっぱい応援団に！

山縣　そのへんおばあちゃんたちもミルクがあったほうが安心するのだろうけども、泣いてもミルクをあげなくて大丈夫なのだという安心感をおばあちゃんにどうやったら持ってもらえるかなと思うね。そのへんはすごく難しい。だから孫育てセミナーなどで伝えることが大切だよね。

安井　このごろ電話相談で、「おばあちゃんがミルクを飲ませなさいと言う」というのがないですか。

鶴川　直接的にそう言われるよりも、やはり「足りないのじゃないの」と言われるということが多いようです。

安井　相談件数は変わらないですか。

鶴川　そうですね、お母さん自身は、母乳だけで育てたいと思っていてもまわりにいろいろ言われて、「どうしたらよいでしょうか」という電話がよくかかってきますね。

山縣　これはひとつの課題だね。この本などもひとつの助けになると思います。

安井　孫育てセミナーなどがあって、おばあちゃんたちが聞いてくれて、おばあちゃんたちが「泣いても大丈夫だよ」と言ってくれると、お母さんはすごく力が湧くというのは言われます。自分に自信がなくても、「おっぱいがあれば大丈夫なんだって」と周りがちょっと言ってくれると、お母さんはフッと肩の力が抜けて、楽になるみたいですね。そういうふうになってもらいたいですね。

マタニティブルーは誰でも経験するもの

山縣　そのフッと楽になることなのだけど、ちょうど、一カ月とか二カ月の時期になると、お母さんがマタニティブルーになるじゃない。ブルーになって、暗い顔をして、そのときに「大丈夫」とフッと言ってくれる。「みんな少しはそうなるのよ」とか、ちょっと寄り添うようなかたちで言葉をかけてくれると、楽みたいですね。
安井　退院指導のときにはお話ししています。そういう時期があるから、そういうときはお友達としゃべるのが一番よ、と言います。同じころにお産をした人と話すと、「私もそうよ」と言ってくれるのですごく楽になるようですね。みんな同じですからね。
宮本　メールとか、いろいろと勧めるのだけど。

山縣　そうそうメールもいいね。
鶴川　他の人もそうだとわかって安心しましたと言われます。

山縣　今、パソコンでそういうサイトがあるじゃない。あれを見るとすごいボリュームだね。一度見たけど、ずっと書いてある。今はすごく便利で、検索に「母乳」と入れてクリックすればいろいろなのが簡単に出てくるわけね。または「マタニティブルー」で入れてもそうですね。だからそういうのを読んでいくと、みんな「あなたもそうだったの」というのがある。でも、時々サイトは危険なところもあるからね。
鶴川　情報的に正しくないこともあったりして。
山縣　そうですね。文字にしてああいう画面に出たら、それが真実のように感じてしまうものね。間違いだらけのサイトはいっぱいあるもの。だから母乳などでもそうだけど、情報をちゃんと見分ける目をもたなければね。

「しっかりしなさい」は禁句

山縣　それにしてもマタニティブルーになったら、一番つらいのはおばあちゃん、おじいちゃんから言われる一言でしょうね。「病気じゃないんだから」とか「子ども一人育てられなくて、何でお母さんよ」「あなたもお母さんになったんだから、しっかりしなさい」とか言われるとすごいショックですね。

鶴川　「みんなやっているのに」と言われるとね。じゃあ、それができない自分は駄目だ、という否定的な感じになってしまいますね。

中山　お母さんからも、いろいろな相談がくるよね。

鶴川　そうですね。具体的に細かな質問があって相談されることも多いです。でも本当は、質問の答えを求めているだけではなくて、今の自分の気持ちを聞いて欲しいという思いを持っているのを感じますね。だから、質問に答えるだけで終わるのではくて、「最近どう？」ときっかけを作ってあげるとたくさんお話をされる。実は「おばあちゃんにこう言われたことが気になっている」とか「育児に自信がもてない」とか、実際は目の前の心配事よりも、こころの中のそういう悩みというのを言いたかったのだろうなという人がたくさんいますね。

山縣　おじいちゃん、おばあちゃんも実際には心配なことは心配なのだろうけど、どう言葉をかけていいかわからないのだろうね。つい叱咤激励してしまう。

一同　うーん。

お母さんも時には甘えさせてあげて

中山　本当はお母さん自身も、おばあちゃんの子どもで、時には子どもとして甘えたいときもあるのだけど、叱咤激励されて「がんばりなさいよ」と言われると肩の力が抜けない。自分もがんばらないといけないけど、甘えられるところ、大事にされるところがないと、また子どもを大事にするエネルギーが出てこないということがありますね。

山縣　そう、確かだと思います。

安井　この前こられた人がそうですよね。結局、甘えさせてくれる場所がなかったのです。嫁ぎ先でもあまりかまってもらえないし、では実家に帰ったらと言ったら「叱咤激励されるから帰れない」と言うんですね。お母さん自身もがんばりやだったたから、肩の力を抜いて甘えられるところがなかったのね。

山縣　なるほどね。実家のお母さんが叱咤激励型とかの厳しい家庭というのは……。

宮本　息が抜けない。

山縣　すごく悲しいよね。そういう人たちを見ていると大変。でも、逆にあまりベタベタもね。

やりすぎも親としての自立を妨げます

中山　ベタベタも、それはそれで困る。

山縣　自立できないんだよね。あれも。

中山　実家に帰って、まだ居ろと言われて、何カ月もずっと……。

一同　ハハハハ。

安井　お産のときからそれは始まっていますよね。

山縣　片方の親だけならまだいいけど、両方のところもあるからね。

安井　お産のときにおばあちゃんがエプロンを付けて来られますから。ご主人は座らせておいて、おばあちゃんが一生懸命。おばあちゃん違いますよ、みたいな。

山縣　そんなときは帰ってもらった方がいいよね。

安井　お父さんとお母さんのお子さんなんです

よ、というようなことを言わないと、おばあちゃんが取りこんでしまって。

宮本　息子がかわいいから、息子がずっと付き添っていると疲れるとか。お姑さんがついて、「息子を休ませて」とか。

山縣　そうそう、この間もいた。「息子は寝ていませんから」。寝たら困るんだけれど。

一同　ハハハハ。

宮本　やはりお産のときに、夫がついてやさしくしてくれたというのは、夫婦にとってずっと大事なことですね。

中山　それが、その横で寝ていたとかではね。それが何かのときに出ますよね。

孫を取りあげてしまわないで

山縣　それとか、娘がかわいかったり、孫がかわいかったりして自分が孫を取りあげてしまって、「疲れているからあんたは休んでなさい。私が見るから」と言って全部自分がやってしまうとか、あれではなかなかマタニティブルーも取れないよね。

安井　子どもを取られてしまう。

山縣　そう取られてしまう。

宮本　お母さんのところに行かせるのはおっぱいのときだけよ、というふうに。ミルクなら自分に全部任せてもらえるから、それでミルクを飲ませ

る体制に入っていく。

鶴川　赤ちゃんのお世話はお母さんにまかせて、上の子のめんどうを見てくれるとか、家事を手伝ってくれると助かるんですけどね。

宮本　むかしはよくおばあちゃんと一緒に寝たりしていましたよね。

山縣　そうそう。順番に、下が生まれたら上はおばあちゃんとかおじいちゃんのところで寝て。僕もそうだったね。ぼくおじいちゃん子だったらしい。いつも懐に入って、どこへ行くにも僕を連れて行ったらしい。

中山　ますますお互いが大好きになりますね。

山縣　孫が生まれたらそうしてやろうと思っている。

一同　ハハハハ。

宮本　取りあげないでくださいね。

みんなで子育て

安井　でも最近孫をみたがらないおばあちゃんもいらっしゃいますよね。仕事をされている方も結構いらっしゃるし……。昔は大家族で必ずおばあちゃんがいて、みてくれたけれども。結構皆さんお若くて六十何歳でも働いていらっしゃる方もいて、みられない。

宮本　それで実家には帰られるけど、おばあちゃんは仕事のお休みもあまり取れないから、自分は留守番に帰ったような感じになっている人もいます。

鶴川　余計疲れるから、自分の家に帰りたいと言

われる方もいます。

山縣　なるほど。

安井　里帰り出産のイメージもちょっと変わってきているように思います。

山縣　なるほど。おばあちゃんもそれだけ自分の生き方を大事にしようとしているのかもしれないね。そうすると里帰りというのも考えないといけないということになりますね。

中山　だんだんアメリカ的にお父さんと二人でやっていこうという人も増えていくでしょうね。

山縣　そうそう。結構増えているんじゃない。でも、里帰りには里帰りのいいところがあるはずだよね。子どもというのは、お母さんやお父さんとは違ったものをおじいちゃん、おばあちゃんからもらえるでしょ。子どもも、いろんな人からいろんなものをもらいながら、お父さんやお母さんも、周りに助けてもらいながら成長していけたらいいよね。

クイズにチャレンジ!! パート1

○・×どっち？

まごまごしないための
孫育てのマメ知識が
いっぱい！

鶴川明子（保健師）

Q1

泣いても、そのまま放って
おかないと抱き癖がつい
てしまう。

（○×）

Q2

お風呂の後に湯冷まし
は必要ない。

（○×）

Q3

二カ月を過ぎると、果汁
や重湯を飲ませて離乳食
の準備を始める。

（○×）

Q4

生後半年を過ぎると母乳
が足りなくなるので、粉
ミルクも与える。

（○×）

Q5

離乳食は、普通の食事を大人がよく噛み砕いて与える。

（ ○ × ）

Q6

蜂蜜を、お湯に溶かしたり離乳食に混ぜたりして時々与えるとよい。

（ ○ × ）

Q7

添い寝、添え乳はしない方がよい。

（ ○ × ）

Q8

夜泣きの一番の原因は母乳不足である。

（ ○ × ）

Q9

おしゃぶりは使わない方がよい。

（ ○ × ）

Q10

つかまり立ちできるころには、歩行器に入れるとよい。

（ ○ × ）

A1

答え（×）

抱くのが癖になるということはありません。赤ちゃんが求めれば（泣けば）、しっかり抱っこしてあげてください。家事をしなければならない時は、抱っこひものようなものを利用したり、おんぶでもいいですよ。

A2

答え（○）

お風呂上がりもお散歩の後も、いつでも母乳だけでかまいません。生後半年くらいまでは母乳以外に余分な水分（湯冷ましや果汁）はいりません。母乳を欲しがるだけ飲んでいれば、その赤ちゃんに必要な栄養と水分がちょうどよく摂れるのです。

A3

答え（×）

少なくとも生後半年くらいまでは、離乳食を始める必要はありませんし、練習もいりません。生後半年ごろを過ぎて、赤ちゃんの方から欲しがるころには、練習や味慣らしをしていなくても上手に食べてくれます。それまでは、母乳を欲しがるだけ飲ませましょう。

早くから母乳以外の食べ物や飲み物を与えると、赤ちゃんの胃腸に負担をかけたり、アレルギーを起こす可能性が高くなることもあります。

A4

答え（×）

生後半年を過ぎたころから離乳食も少しずつ食べるようになります（個人差があります）。それでもまだまだ母乳が必要です。母乳には、その時期の赤ちゃんに必要な栄養が、その時期の赤ちゃんに一番良い形で含まれています。欲しがるだけ飲ませてあげましょう。

A5

答え（×）

大人の食べ物は味付けも濃いものがありますし、虫歯の原因となる菌が赤ちゃんにうつってしまうこともあります。もしおばあちゃんがこれをやってしまうと、たとえおばあちゃんに虫歯がなかったとしても、お母さんとしては感情的に×ですよね。

A6

答え（×）

蜂蜜は滋養がありますが、抵抗力の弱い赤ちゃんに蜂蜜を与えると、乳児ボツリヌス症という感染症にかかることがあると言われています。一歳くらいまでは蜂蜜はあげないようにしましょう。

A7

答え（×）

お母さんが楽であれば、添い寝や添え乳でかまいません。一緒に寝る方が、赤ちゃんも安心してよく寝てくれます。また、添え乳だとお母さんの身体も疲れないので、夜間の授乳も楽にできます。

A8

答え（×）

俗に夜泣きと言われているものは、母乳が充分足りていてもおこります。痛かったり、暑かったり、かゆかったり、いろいろな原因が考えられます。また、そういった原因がなくても、睡眠サイクルで眠りが浅い時に泣いたり、母子分離不安ということがおこって泣くとも言われています。いずれにしても発達に伴う変化の一つで、成長するとなくなっていきます。

A9

答え（○）

おしゃぶりは泣いている赤ちゃんを静めるにはとても便利に思えます。でも、赤ちゃんは、口封じされて、泣いて欲求を訴えるという唯一の手段を奪われます。お母さんも、赤ちゃんがなぜ泣くのか感じ取る力が養われません。また、最近は鼻呼吸の大切さも言われていますが、母乳で育てていれば自然に充分な鼻呼吸ができていますから心配ありません。

A10

答え（×）

歩行器に頼ると、正しく歩き始める方法をうまく学べないことがあります。また、歩行器によるケガや事故も案外多いのです。段階を踏んで、自分の力で歩けるまで、道具に頼らず見守ってあげましょう。

さて、あなたは何問正解しましたか？

満点の方の育児知識は完璧！です。後は、その知識を存分に活かして孫に関わっていきましょう。間違った方は自分たちの時とは違う、と感じるかもしれません。せっかくこの本を手にしたのですから、どうか正しい知識で現役お母さん、お父さんの育児を応援してあげてください。おじいちゃんやおばあちゃんに、同じ方向性をもって育児を支えてもらえることほど心強いものはありません。

◎二章　一歳からの孫育て

スタート

やっぱり気になる？
おばあちゃんの存在
再確認シート

孫にとってあなたはどんな存在？

鶴川明子（保健師）

はい ····▶（オレンジ）
いいえ ····▶（緑）

※おばあちゃんじゃない人はおばあちゃんになったつもりで答えてくださいね

自分の孫はとてもかしこくて可愛い。

はい → / いいえ ↓

反抗期があるのは当たり前だと思っている。

はい → / いいえ ↓

しつけについては、両親の意向を大切にする。

はい → / いいえ ↓

一歳過ぎて、母乳を飲んでいてもいいと思う。

はい → A型 / いいえ ↓

孫の前で、母親の悪口は言わない。

はい → / いいえ ↓

孫の育児こそ自分の出番だ！とはりきっている。

はい → / いいえ ↓

孫にケガや事故のないように家の中を片付けている。

はい → / いいえ ↓

よその孫より、おむつがとれるのが遅くても気にならない。

はい → B型 / いいえ ↓

体罰はいけないと思う。

はい → / いいえ ↓

危ないことをしたときには、その場で注意する。

はい → / いいえ ↓

お散歩や外遊びを積極的にさせている。

はい → / いいえ ↓

買わないと約束したものは、泣かれても我慢させる。

はい → C型 / いいえ ↓

孫の健やかな成長は、人生の喜びだ。

はい → / いいえ ↓ H型

孫に本を読んであげたり一緒に遊ぶのが楽しい。

はい → / いいえ ↓ G型

孫の良いところを見つけてほめるのがうまい。

はい → / いいえ ↓ F型

お母さんに内緒で、チョコレートを食べさせたことがある。

はい → D型 / いいえ ↓ E型

H型　G型　F型　E型

タイプ別おばあちゃんの存在

A型

心のオアシス

枯れることのない愛情に溢れた、まさにオアシスのような存在。
孫の心も潤い、大きくなっても忘れられないかけがえのない大切な存在です。

B型

降り注ぐ太陽

いつもやさしく見守ってくれる太陽のような存在。
自分の存在を丸ごと包み込んでくれる温かさは、そこはかとない安心感を与えます。

C型

果てしなく広がる大海原

穏やかな日のうららかさも嵐の日の厳しさもバランスよく教えられる存在。

やがて、孫自身も広い心と善悪の区別がつく強い心を持つ人に育っていくことでしょう。

D型

夢のパラダイス

まさしく夢の楽園のような存在。
孫にとっては楽園ですが、自制心が育ちにくいことがあります。

E型

幻のユートピア

何もかも手に入りそうで入らない永遠のまぼろしのような存在。
一貫性のない対応をしていると、孫の方も戸惑うことがあるので気をつけましょう。

F型

月の砂漠

ほのかな月明かりは見えるものの、どこまでも続く砂漠のような存在。

孫はそれなりに成長しながらも、どこかに満たされなかった思いを残すことがあります。

G型

大空の雲

遠い空の上で自由に流れている雲のような存在。孫より自分の人生を楽しむことが一番で、孫との関わりが少なすぎるかもしれません。

H型

荒れ果てた荒野

まさに荒れ果てて寒々と広がる荒野のような存在。
孫を可愛いと思えないくらい自分自身の心に余裕がない状態だと思われます。

◎子どもが育つ仕組みと祖父母の関わり方

山縣威日（産婦人科医）

◎子どもが育つ仕組み

日ごとに成長していく孫と一緒に過ごす時間はお互いにとても貴重です。可愛さのあまり沢山のことをしてあげたくなりますし、若いお父さんやお母さんが孫を叱っていると思わずかばいたくもなります。時には自分の育児経験をつい押しつけたくなることもあります。場合によっては意見の違いから若夫婦とうまくいかなくなることさえあります。そんな時、基本的な部分だけでも共通理解ができれば、家族関係に随分潤いがでてくるでしょう。

まず、詩を一つ紹介します。

「母の瞳」

ゆうぐれ
瞳をひらけば
ふるさとの母うえもまた
とおくひとみをひらきたまいて
かわゆきものよといいたもうここちするなり

※（注）〈八木重吉『貧しき信徒』より引用〉

母と子が強い絆で結ばれている情景が目に浮かぶようです。母親学級のプログラム「サン・クリニックいのちシリーズ」では、みんなでこの詩を読みながら出産前にいのちへの想いを深くしてゆく作業をします。

生まれてから母の胸の中で育つ一年間に、子どもの意識の深い部分にお母さんへの絶対的信頼感がしっかりと組み込まれていきます。お母さんには子どもへのこみ上げてくる愛しさが養われていきます。このお互いに相手に向かって紡いだ、見えない糸の束が母と子の絆です。

この絆こそが人を信頼し、愛し、受け入れることのできる、深いこころの基本となります。そしてこれが人間として育つ第一歩といえるでしょう。

ですからこの時期の育児のキーワードは「抱っこ」です。母乳育児を中心とした抱っこが一番いいのはこのような理由があります。お母さんだけではありません。赤ちゃんと遊びたいお家の人は誰でも遠慮なく抱っこしていいのです。よく言われる抱き癖などはありません。

もちろん、おんぶひもや抱っこひもなどの利用もすすめられます。生後一年はできるだけ身体にくっつけて育てる、密着育児がいいでしょう。

◎子どもと感動を共に

一歳を過ぎると、子どもはだんだんと立つこと、そして歩くことができるようになります。冒険の時期がやってきます。抱っこで育った子どもは信頼している大人が傍にいると恐怖心がありませんから、何処へでも行ってしまいます。目が離せない時期です。

いろいろな注意は後の章をお読みください。ここで大事なのは知恵のもとが育つということです。

子どもたちの仕草で目立つのはなんでしょう。そう、「指さし」です。歩けるようになった子どもにとって、周りのものはみんな新しい発見です。小さな探検家はわくわくした気持ちでいろいろなものを見つけます。そして「あーっ、あーっ」と、指でさして周りのものに知らせます。まるで「見て！　見て！　すごいものがあるよ！」と、感動して叫んでいるようです。

知恵は学習で身につきます。学習は興味の強いものにほど集中します。興味の強さは感動の深さに比例します。感動の指さしに周りの大人たちがどれくらい共感するかで、知恵のもとは変わってくるといわれます。お母さんには、この感動に反応する感性が備わっています。でもいろいろな事情で、なかなかゆっくりと子どもの時間を共有できないことがしばしばあります。

でも、おじいちゃんやおばあちゃんは時間に少しゆとりがあることが多いので、子どもの感動を共に味わうことができやすいようです。子どもはまだ、自分の感情を相手に分かるように伝えられるほど言葉を上手に使えません。表情や身体の動きから、子どもの気持ちになったつもりで相づちを打つと子どもはとっても喜びます。この時期の子どもは一緒にいるだけで沢山の元気をもらえる「いのち」の発動性を持っています。お孫さんとの時間は少し疲れるかもしれませんが、若返りにもなります。

◎子どもに好かれる知恵

子どもと遊ぶときに役立ついくつかのコツを知っておくといいでしょう。

子どものテリトリー（縄張り）

誰でもそうですが、子どもは見えない自分の場を持っています。自分の身を守るいわば縄張りです。この縄張りを越えて近づくと不安を感じて急に泣き出したりします。お母さんとは一体ですから密着するのです。時々しか会わない場合は、まず少し離れた位置であやすと子どもは安心して遊ぼうとします。この位置で手を伸ばして身体のどこかを軽く触ったり、つついたりしてみると、子どもの反応が分かります。抱きたいでしょうけれど、すぐ抱こうとはせずに、その輪をだんだん縮めていくといいのです。

見つめて笑う

「かわいいなー」と思ったら、手を出す前に、その思いをそのまま笑顔にのせてじっと見つめてください。口から自然に出るまま、いろんなお話をしてあげましょう。子どもは愛情あふれたおじいちゃんの気持ちに必ず喜びの反応を表します。想いは必ず伝わります。

足から仲良く

手や足はつかんだり、立ったりするためだけのものではありません。探るという大切な働きもします。ですから直接身体に触られるよりは抵抗がありません。まず足を触って楽しそうにしたら次は手を、次にほっぺや頭を、というふうになじませていくと、子どもの警戒心は早くとれるようです。

◎お父さんお母さんへアドバイスを

さて、二歳前後から親たちを悩ませる第一反抗期が始まります。いままでとても素直で愛らしく見えていた我が子が、急に言うことを聞かなくなり、「イヤッ！　ダメ！　スル！」の三つの言葉しかないのでは？　と思うくらい我を張ってダダをこねます。じつは意識してやっているわけではありません。胸の奥からわき上がってくる自分を出したい衝動です。約一年あまり続くのですが、いろいろな行動に対する周りの大人たちの反応から、子どもの中に潜在的な価値判断基準ができていく大切な時期になります。いわば自己形成期ともいえます。この価値判断基準ができてはじめて、子どものこころに「意志力」ができるのです。この時期の出番はお父さんです。男性の価値判断基準はその人なりにほとんど一定ですから、子どものモデルになりやすいと思われます。

おじいちゃん、おばあちゃんからぜひアドバイスをお願いします。お母さんにはお父さんの存在感を大事にすることを、お父さんには怒りで暴力を振るうのではなく、「いけないものはいけない！」とゆずらず、しっかり子どもの目を見てさとすことを伝え続けてください。間違っても無理やりに親の言うことを聞かせようとしないことが肝心です。言うことを聞かせるのはしつけとは違います。子どもにできるはずの意志力を奪っていることになります。

「しつけ」は価値判断ができるようになってから（いわゆる、ものごころがついてから）、子どもに理解させながら行動の様式を教えていくものです。幼児期の子どもの行動は家族の生活習慣がそのまま出ているもので、しつけとはなんの関係もありません。

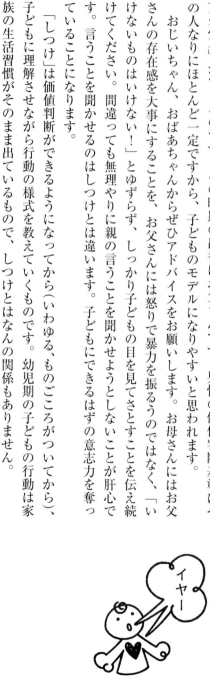

二～三歳の子どもが、親の言うなりに素直そうに振る舞っているときは要注意です。無意識のうちに親の感情や意志を無理強いしていることが多く、その反動は思春期に嵐のように跳ね返ってきます。

三歳を過ぎる頃から子どもに少し変わったことが出てきます。やたらに、うんこやしっこなど排泄物に興味を持つようになったり、身体のいろいろな部分（例えばおへそなど）について質問をするようになります。赤ちゃんはどこから生まれるのとか、自分の出生までしつこく聞くようになります。はじめて「いのち」がわかってきたのです。すごいですね。いよいよ一人の人間として出発するときが近づきました。

ある日突然「おままごと」が始まります。「ごっこ遊び」もそうですが、男の子と女の子の区別が自分にできるようになったのです。これを「性の自認」といいます。つまりよく言われるジェンダー（社会的性別）が決まったのです。おままごとやごっこ遊びは性役割の表現であり、練習です。

さあ、これで「知情意」のもとが出来上がりました。不思議なことに、ここで記憶の扉が閉じます。なんのことかですって？　皆さんの記憶をたどってみてください。何歳まで思い出せますか？　ほとんどの方は三歳を過ぎてからの記憶ではありませんか？　この思い出せない時期を「こころの闇の森」と呼んでいます。思い出せない世界を闇と、豊かにいのちを育む世界を森と表現しています。それが受胎から三歳半位までの時期をさしています。

ここからはお話を聞かせたり、本を読んであげたりすると喜ぶ、みなさんの身近に感じる子どもたちとなります。どうでしょう、人間の条件である「知情意」のできる仕組みを、いくらかでも伝えられたでしょうか。

◎幼児のこころと身体

中山真由美（小児科医）

生まれて一年間は一生のうちでいちばん、成長、発達の著しい時期です。一歳で体重も生まれたときの約三倍になり、自分の足でよちよち歩けるようにもなります。「マンマ」「ブーブ」などお話もできるようになります。そして、この一年間で培ってきた家族との「基本的信頼感」をもとに、これからはまた、こころも身体も大きく成長する時期ですね。

◎普通・平均・正常

子どもの発育・発達は個人差が非常に大きいものです。わたしたち大人も、大柄な人、小柄な人、大食・小食、スポーツマンタイプでいつも活動している人、読書家・芸術家タイプでじっとして何かをするのが好きな人、誰とでもすぐ友達になれる人、ゆっくり信頼を深めていく人……などいろんなタイプの人がいてうまくいっているのだと思います。

しかし、子どものこととなると、やはりなんでも平均以上でないと安心できないのかもしれませんね。よその子より大きかったり、早かったりすると優越感を感じられるのかもしれませんが、小さかったり、遅かったりしても元気に成長していれば、異常ではありませんからその子なりの成長を見守ってあげたいものです。

とくに、おしゃべりや衣服の脱ぎ着、お母さんから嫌がらずに離れられるかなどは個

人差の大きいところでしょう。平均や普通でなくても、正常なことはいっぱいあります。お母さんが心配していても、おばあちゃんは不安をあおらないで、広い視野からお母さんを安心させてあげるようにお話ししていただけるとうれしいです。

◎乳離れ

「まだ、おっぱい？」「一歳過ぎたらそろそろ断乳したら」「いつまでも飲ませていたら、やめられなくなるよ」「そんな水みたいなおっぱいを飲ませていたら、栄養が足りなくなるのに」「そんなにおっぱいばかり飲ませていたら甘えんぼになっちゃうよ」などの言葉は、おばあちゃん自身が子育てをしていたときに言われて、泣く泣く断乳した経験があるかもしれませんね。

「今日からおっぱいはあげられないのよ！」とお乳に怖い顔を描いて泣く子をなだめながら、三日ほどおんぶで過ごした、つらかった経験はありませんか。おっぱいは誰かに強いられなければ止められないものでしょうか？

どんな子でも、どんなにお母さんが飲ませたくても、おっぱいを卒業する時期は必ず来ます。それは、早いほど優れているわけでも遅いほどいいわけでもありません。その子のペースが大切です。一歳過ぎてもお母さんの母乳の成分は変わりませんし、免疫物質は含まれていますから病気のときなどは母乳に勝るものはありません。

ヨチヨチ歩きの子がおっぱいを飲んでいると甘えん坊に見えるかもしれませんね。しかし、甘えを十分満たされた子のほうが時期が来るとしっかり自立できるものです。飛び込めば、いつでも無条件に受け止めてくれる優しいお母さんの胸があると思えば、冒

険にも思いきって出て行けるというもの。おっぱいは、好奇心旺盛だけど自分の感情をうまくコントロールできない一歳から三歳ごろの子どもの、ほっと安心できる癒しの場、こころのエネルギーの充電所です。

「甘えを満たすこと」は「甘やかすこと」ではないので、おっぱいはなくともおばあちゃんもしっかりお孫さんを受けとめてあげてほしいと思います。長く飲んでいるお孫さんがいたら、「お母さんのおっぱいが飲めてうれしいね。安心して欲しいだけもらったらいいんだよ」と言ってあげてくださいね。

◎トイレトレーニング

おむつがはずれる時期も乳離れと同じで個人差がありますが、どんな子も必ずとれる時期が来ます。トレーニングをすればいくらかは早くなるかもしれませんが、そのために、叱ったり、がっかり落ち込んだり、イライラするのなら、子どものこころにとっては、良いことはありません。

お母さんがあまり一生懸命になっているようなら、おばあちゃんは、おおらかに「大丈夫よ、いつかははずれるもんだよ。息子なんて、小学校四年までおねしょしてたけど今はりっぱな大人になっているんだから」なんて安心させてあげてください。

◎第一反抗期（自我形成期）

二歳ごろから「イヤ」「ダメ」「○○○スル！」となんでも反抗的になり、お母さんの悩みも増してくる時期かと思います。これも、みんな通過しなければいけない大切な自

立の第一歩です。ダダをこねたり、かんしゃくをおこしたり、きたない言葉をおもしろがって使ったり……。「どこで、こんな言葉を覚えてきたんだろうね。まったく、親のしつけがなってないんだから」なんてめくじらたてずに、「そういえば、息子や娘にもこんな時期があったねえ」とお母さんを安心させてあげてください。

なんでも、自分でしたくなるときです。もどかしい手つきで服を着たり、くつをはいたり、そばで見ていると、つい手を出したくなりますが、そこはぐっと我慢です。そこで手を出したり、先に先にやってしまうのが「甘やかし」です。ちょっとだけさりげなく手を貸したり、じっと見守ってできたらしっかりほめてあげるのが愛情でしょう。

上下ちぐはぐな服を着たり、晴れの日に長靴をはいたり、冬に裸足でぞうりをはいたり、大人から見るとヘンなかっこうでも、自分で選んだその気持ちを尊重してあげてください。「もっとまともなかっこうしないと、みっともないよ」なんて、言わないであげてくださいね。

◎しつけ

子どもの気持ちを大切にすることは必要ですが、子どもの欲求をすべて満たす必要はありません。けれども、しつけとは、怒ったり罰を与えて上からおしつけてもうまくいくとは限りません。押さえつけられてがまんしていることは、やがて思春期になると爆発するものです。

しつけの目的は、自分で自分の感情や行動を適切にコントロールできる大人になることでしょう。そのために大切なことはお父さんやお母さんとの信頼感です。精神科医の

服部祥子先生はしつけの基本は、「十分母親に惚れこませた上で、子どもに不親切になること」と言っています。しつけの前提条件は、「惚れこませること」です。

子どもの甘えを十分受けとめ、子どもの気持ちに共感することなどでしっかり愛を伝えると、子どもはその人を信頼し大好きになります。そうすると、大好きな人をモデルにして子どもが主体的に学んでいこうとします。まずは、ありのまま、まるごと子どもを受け入れてあげてください。そこから、しつけはスタートします。

「不親切になる」とは、子どもに任せて見守ること、ちょっと待たせること、年齢に応じたお手伝いをさせることなどです。良くないことをしたときに叱るだけでなく、良い行動をいっぱい見つけてほめてあげましょう。「静かに待っててくれてありがとう」「じっと座ってご飯が食べられてえらいね」「赤ちゃんにおもちゃを貸してくれたんだ。やさしいね」など。良い行動はあたりまえで、つい見過ごしてしまいがちですが、家族みんなで良いところをほめ合いましょう。

おばあちゃんも「最近の母親は○○○なんだから」と批判するより、お母さんのがんばっているところをどんどんほめてあげると、もっといいお母さんになってくれるのではないでしょうか。良いことも悪いことも子どもは親のすることを真似していきます。いつもニコニコ家

しっかりほめてあげましょう

族が仲良くしていることも大切です。

　さんざん禁止したり、文句を言ったり、脅かしているのに、最後は根負けして折れてしまうのはいちばんまずいやり方でしょう。どうでもいいことにはあまり「ダメ」を使わず、最低限ゆずれないことだけに「ダメ」を通すことが大切です。「ダメ」を言わなくても子どもの気をさりげなくそらしたり、「絵を描きたいのなら、壁ではなくこの紙に描こうね」と正しいことを教えましょう。一緒におもちゃを片付けたり、服をたたんだり、小さいうちは楽しくできる工夫と、かなりの根気が必要です。

　しつけの中心はやはりお父さんとお母さんです。よほど、放任状態の子どもを除いて、「ダメ」「早く」

×脅しはやめよう

○自分の気持ちをことばにしよう

×子どもの前で非難しないで

○楽しくできる工夫を

「どうしてあなたは○○○なの！」と言われ続けていることが多いでしょうから、おじいちゃんおばあちゃんは同じように子どもを追い詰めるのではなく、逃げ場所であってほしいと思います。

このときお願いしたいのは、お孫さんをかばっても子どもの前でお父さんやお母さんの非難はしないでほしいということです。同様に、お父さんお母さんもおじいちゃんおばあちゃんのことを子どもの前で悪く言わないように注意してください。子どもは誰かの顔色をうかがったり、気がねすることなく家族みんなを大好きでいられると、こころが豊かに育つでしょう（121～123頁参照）。

◎遊び

子どもにとって遊びは仕事です。遊びをとおして新しいことができるようになり、自分に対する自信をつけ、友達とも仲良くできるようになっていきます。いつも、時間に追われているお父さん、お母さんより、おじいちゃんおばあちゃんのほうがゆったりと遊びに付き合ってあげることができますね。

知育玩具としていろいろなおもちゃが売られていますが、市販されているものだけが「おもちゃ」ではありません。空き箱や広告の紙、古くなった鍋やしゃもじ、プリンカップやペットボトルなど、身の回りには楽しいおもちゃがいっぱいあります。できあがったおもちゃより応用がきき、楽しく遊べるものです。創造力を広げて遊んであげてください。

子どもはエネルギーのかたまりです。公園に行ったり、近所を散歩したり、戸外で思

いっきり遊ばせましょう。よほど、危険なことがなければ、禁止はなるべく少なめに。砂と水は子どもの大好きなものです。泥んこ遊びはしっかりさせてあげて欲しいと思います。服が汚れても、びしょぬれになっても子どもの笑顔にはかえられません。

絵本の読み聞かせは子どものこころを育てます。読むことができても、誰かが読んでくれるお話にはワクワクするでしょう。おばあちゃんの膝のぬくもりと楽しいお話は、お孫さんのこころのアルバムにずっと残っていくことと思います。

少し大きくなると、トランプなど簡単なゲームも楽しいものです。勝つ喜びは格別ですが、負けたくやしさと、そのこころを立て直す強さも育っていくでしょう。

◎お母さんが仕事をもっているとき

働くお母さんが増えてきています。お母さんのお仕事の間、お孫さんのお世話をしているおじいちゃんおばあちゃん、大変なお仕事お疲れさまと、こころから思います。子どものパワーは無尽蔵。若さももらうけれど、一日が終わるとほっと一息というところでしょう。より多くの人に愛され、慈しまれているお孫さんは幸せです。おじいちゃんおばあちゃんも、どうぞ自分の時間や趣味も大切に、息抜きしてくださいね。

お母さんが帰ってきたら、お孫さんはお母さんにわたして、母と子のラブラブタイムとさせてあげてください。可能なら、洗濯物の取り込みや、夕ご飯の準備など手伝ってあげられたら、お母さんもゆっくり子どものこころに寄り添えると思います。お母さんも時として仕事が忙しくなって、子どもに十分気持ちが向かないこともあるでしょう。そういうときは、まわりで見ているおばあちゃんが、「最近は仕事ばかりで○○ちゃん

が寂しがってるよ」とお孫さんの気持ちを代弁してあげてください。また、おばあちゃんが愛情を注ぐことで補ってあげてくださると、ありがたいと思います。

◎下の子が生まれるとき

赤ちゃんが生まれるとき、上のお兄ちゃんやお姉ちゃんはどんな気持ちなのでしょう。年齢にもよりますが、今まで独り占めしていたお父さんやお母さん、おじいちゃんやおばあちゃんを取られるようで、とても不安になります。これは、あたりまえの感情なので、「お兄ちゃん（お姉ちゃん）になるのだから、もっとしっかりしなくちゃ」などとプレッシャーをかけないでくださいね。

赤ちゃん返りもしますが、しっかり甘えさせてあげてください。「赤ちゃんなんていらない！」と言われても、「赤ちゃんにお母さんを取られたみたいで寂しいのよね」と、その気持ちをわかってあげてください。悪い感情が出て行かなければ良い感情も生まれてこないものです。

お母さんが入院する数日間は、おばあちゃんの家にお泊まりする特別イベントとして、楽しみになるように、お孫さんに宣伝しておくとよいでしょう。お母さんが外出できないうちは、しっかり外遊びさせてあげてください。また、赤ちゃんを抱っこしてあげて、上の子がお母さんにたっぷり甘える時間も作ってあげてください。

いずれにしても、しっかりみんなに甘えることで、いつの間にか通り過ぎていくものです。

◎みんなで子育て孫育て

少子化、核家族化の中で、育児がたいへん息苦しくむずかしい時代になってきました。お父さんやお母さんの役割はとても重要ですが、母子が非常に密着して、その二人が孤立している状態ではいろいろな問題が生じてきます。「保護するものを保護せよ」―つまり「やさしく温かく慈しむ人こそ、やさしく温かくいたわってあげよう」ということが、カナダの子育て支援の基本的考え方なのだそうです。

「こんな便利な時代に、子育てだけしていればいいのに、何をぜいたくな！」と、思われるかもしれませんね。しかし、あふれる物や情報の中から良いものを選び取らなければならない困難さや、「〇〇ちゃんのお母さん」として、自分をなくして良い母を演じなければならない息苦しさやプレッシャーもあります。話を聞いてくれる人もなく、子育てはちゃんとできてあたりまえと認めてくれる人のいない孤独感もあり、育児がつらいと感じるお母さんの気持ちもわかってあげてほしいと思います。

お母さんの願いは、自分の他愛もない話や愚痴を否定や批判せずにただ聞いてもらいたいことと、ほんの少しでも子どもから解放される自分の時間がほしいということなのです。本当にささやかな願いですから、お父さんやおばあちゃん、どうぞかなえてあげてください。

お母さん方も助けてもらうためにはこころの広さが必要になります。家事や育児で自分の考えややり方と多少違っていても許容したり、他の人のやり方も学ぶ柔軟さを持たなければなりません。いろいろな目や手が入ることでバランスの良い子育てができると思います。

◎名脇役

深い愛と毅然《きぜん》とした厳しさで子どもを導き育てる責任があるのは父母です。そのうえでおじいちゃんおばあちゃんが、孫にとっていちばん甘えられる存在だったら、どんなに子どものこころが豊かに育つでしょう。親たちも足りないところを補ってもらえて、どんなに助かるでしょう。

たっぷり甘えさせてくれ、心配なことがあってもぐっと呑みこんで、「大丈夫、大丈夫、何とかなるよ」とまわりを安心させてくれるおじいちゃんおばあちゃんだったら素敵ですね。映画やテレビドラマで、主役が新人でも名脇役といわれるベテランの役者さんたちが、まわりをしっかり固めてくれると、とても味のある作品になります。おじいちゃんおばあちゃんは孫育てではやさしくて温かくて深みのある名脇役になっていただけたらと願います。

わたしたちは親から子へと延々といのちをつなげています。いのちとともに深い愛も受け渡していきたいと思います。

◎どちらが思いやりがあり、やる気のある子に育つでしょう

◎ちょっとの工夫でしつけもバッチリ、家庭円満パート１

◎ちょっとの工夫でしつけもバッチリ、家庭円満パート２

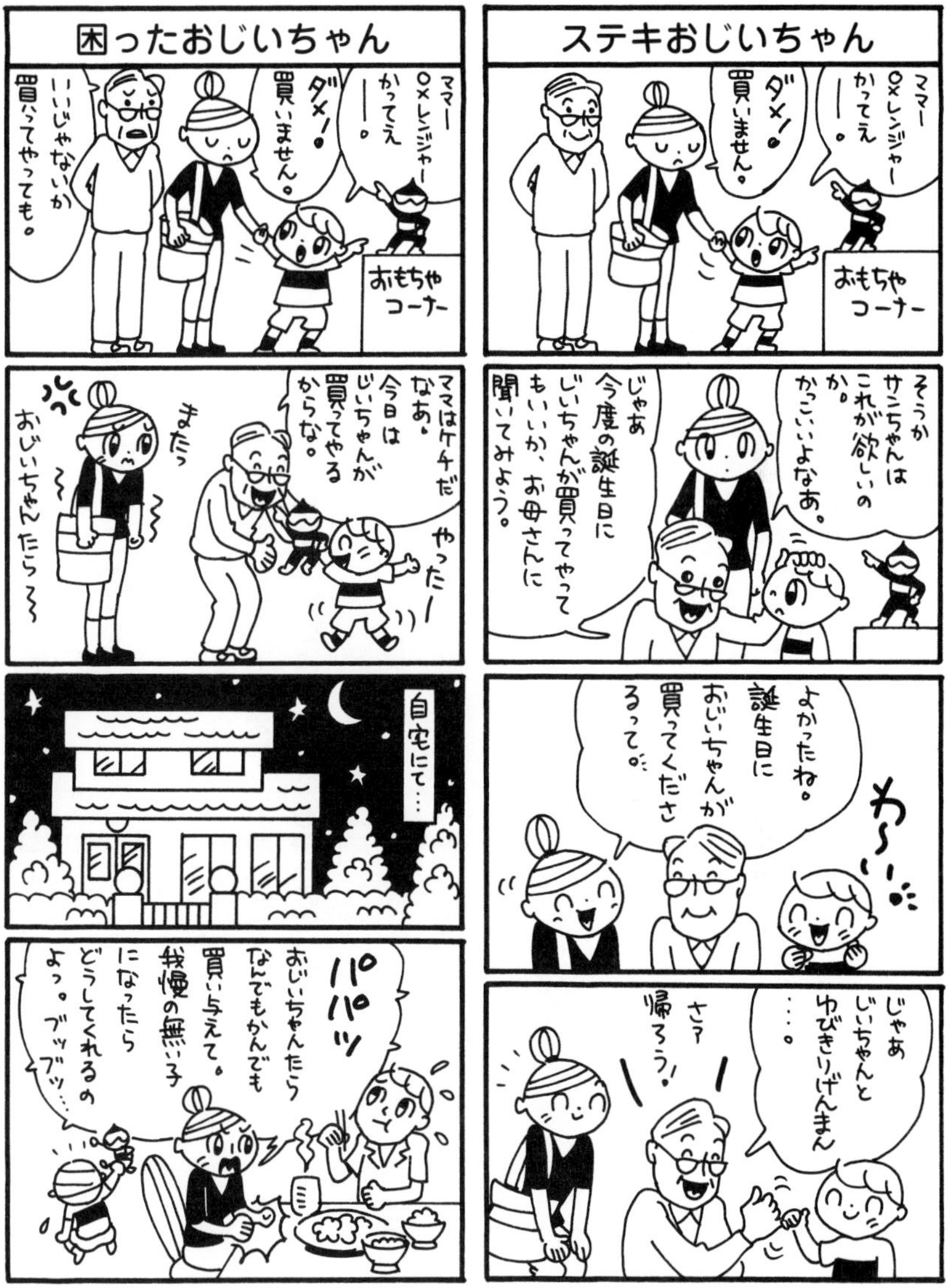

◎子どもの病気と事故

中山真由美（小児科医）

子どもの病気（症状の見分け方と対応）

◎発　熱

一歳の孫のサンちゃんがお正月にゆっくり遊びに来ています。お昼寝まではとても元気だったのに、目をさましてみるとなんだか熱っぽいようです。お母さんははじめての熱におろおろ。さて、どうしましょう。

発熱は子どもの最もありふれた症状です。ふつう子どもは、三七・五度以上を発熱と考えます。みなさんが、子育てをしていたころを思い出して、落ち着いて対処してください。ほとんどは、ウイルス感染症でいわゆる「カゼ」といわれるものです。カゼはみなさんもご経験があるように、二～三日安静にしていれば自然に治っていくものです。

❗チェックポイント

○ご機嫌はどうですか？　おもちゃで遊んだり、にこにこしたりしますか？
○食欲はありますか？　飲み物（母乳、ミルク、お茶、ジュースなど）は飲めますか？
○咳や鼻水がひどく出ていますか？
○嘔吐や下痢はありますか？

熱の高さと病気の重さは関係ない

大人と違って子どもは三九度、四〇度の熱が出ることもまれではありません。熱そのものが病気なのではなく、熱は身体の大切な防御反応だということを知っておいてください。熱を上げることでウイルスや細菌をやっつけようとしているのです。したがって、むやみに薬で下げないほうが病気そのものは治るのが早いともいわれています。

高いから重症というのではなく、そのほかの症状などから総合的に判断してください。チェックポイントを参考に、熱はあってもそのほかの症状に重症感がなければまず心配いりません。

熱で脳に障害がおこるということはない

髄膜炎や脳症の話を聞いて、「高熱＝脳障害」と心配される方も多いのですが、この場合も症状が熱だけのことはありません。ひどく機嫌が悪い、ぐったりしてうとうとしている、嘔吐を繰り返す、首が硬直している、けいれんをおこすなどの症状が伴います。熱が四〇度あっても、比較的元気がよければ心配しすぎないでくださいね。

○対処法
薄着にする

小さな子どもは体温調節機能がまだ未熟です。カゼをひいているからといって、暖房のしっかりきいた部屋で厚着をしていたのでは、ますます体温は上がるばかりです。一枚服を脱がせるくらいで、熱を逃げやすくして過ごしましょう。

水分を多めにとらせる

熱による発汗で、水分はいつもより多めに失われます。食欲が落ちて、水分摂取も少なくなりがちです。つとめて水分をとらせましょう。母乳、ミルク、お茶、スポーツドリンク、ジュースなど飲めそうなものでかまいません。

カゼ以外の発熱を伴う病気に、気管支炎、肺炎、扁桃炎、中耳炎などの細菌感染症があります。熱が三日以上続く、咳がひどくつらそう、のどや耳を痛がる、機嫌が悪い、水分がとれなくておしっこの量が減ってしまうなどの症状があるときは、たんなるカゼではないこともありますので、小児科を受診してください。また、身体に発疹がある場合は、はしか、風疹、みずぼうそう、突発性発疹症などのこともありますので受診をおすすめします。

いくら注意していても、子どもはカゼをひくものです。カゼをひきながら、身体の中に病気に対する抵抗力をたくわえていきます。「また、カゼをひかせて！」なんてお母さんを責めないで、寒いときでも思いっきり遊ばせてあげてください。

Q　カゼをひいているときは、お風呂にはいれないほうがいいですか？

A　熱がなくて、いつものように遊べる程度のカゼならお風呂に入ってもかまいません。よほど長湯をしたり、湯冷めをしなければ、それでカゼが悪化することはないと思います。もちろん、ひき始めで心配なら、一～二日入らずに様子をみてもよいでしょう。ただ、元気なのに、鼻水・咳がとまらないだけの理由で何日もお風呂にはいらせないと、

湿疹やおむつかぶれがひどくなることもありますので用心しすぎも禁物です。

◎嘔　吐・下　痢

いつもは保育園に通っているサンちゃんですが、昨夜から嘔吐と下痢が始まりました。お母さんはどうしても仕事が休めず、今日はおばあちゃんのうちで過ごすことになりました。どんなことに注意すればよいでしょうか。

嘔吐や下痢の原因で最も多いのはウイルス性の胃腸炎です（嘔吐下痢症）。機嫌がよくて食欲もある軽い嘔吐や下痢は、あまり気にせず普段の生活をしてください。水様便が一日に何回も出る重い下痢や、嘔吐を繰り返して水分がとれない場合は、脱水症状に注意しなければなりません。発熱が加わると、さらに脱水症状をおこしやすくなります。

❶チェックポイント

○元気がなく、ぐったりしていませんか？
○水分はとれていますか？
○おしっこが出ていますか？（八時間以上出ないと要注意です）

○対処法

母乳、お茶、スポーツドリンクなどを多めに飲ませましょう。一度にたくさん飲むとお腹に負担がかかりますから、少量ずつ回数多く飲ませるのがコツです。水様便の間は水分中心で、軟便になってきたら、消化の良い食べ物（おかゆ、うどん、バナナ、りん

ごなど)から与えてみてください。乳製品は下痢をおこしやすいので、しばらく牛乳、ヨーグルトはひかえましょう。

＊脱水症状に注意　おしっこが八時間以上出ない、ぐったりしている、口が渇いている、涙が出ない、皮膚のはりがないなどの場合は脱水のおそれがあります。小さい子どもほど進行が早いので、早めに受診してください。

◎便　秘

一〇カ月のサンちゃんは、今日で五日うんちが出ていません。機嫌もいいし、食欲もいつもどおりです。何かしたほうがよいでしょうか。

便秘とは便がころころと硬くなり、なかなか出なくて苦痛を伴う場合をいいます。ですから、ただ、何日か便が出ないだけで、出るときは普通の便が楽に出るという状態であれば、そのまま放っておいて問題ありません。もし、便が硬くなるようなら、水分や野菜、果物など繊維の多いものを与えましょう。プルーンジュースを少量飲ませてみても、よいかもしれません。

◎歯の衛生

かわいい歯がちょこんとのぞきはじめたころの赤ちゃんは、とてもかわいいものです。乳歯は生え変わるとはいえ、あまりひどい虫歯になってしまうと、永久歯にも影響してきます。虫歯のなりやすさは歯の質、虫歯菌、歯垢に関係します。離乳期に大人が噛ん

だものを与えることは、その人の持っている虫歯菌も子どもに与えることになりますので、注意してください。

歯垢の大きな原因は砂糖です。一日のうち、砂糖がどれだけの頻度で幼児の口の中にとどまっているかが問題となります。ジュースをしょっちゅう飲んでいたり、だらだらとお菓子を食べていては、歯磨きを一日一回してもあまり効果はないでしょう。もちろん、おやつの楽しみはあってよいのですが、ある程度の制限が必要です。

孫が喜ぶ顔を見るのはうれしいものですが、過ぎるとトラブルのもとです。小さいときに身についた食習慣は、変えることがむずかしいので注意したいものです。

子どもの事故予防

子どもの死因の上位に「不慮の事故」があります。事故はどの子どもにも起こりうるものですが、環境を整えるなど、注意することでかなり予防できるものです。普段一緒に住んでいないお孫さんが遊びに来る場合は、要注意です。大人だけの生活ではあたりまえの環境も、乳幼児にとっては危険がいっぱいです。お母さんも里帰りで、ほっと気がゆるんでしまいがちです。134～142頁の絵を見ながら、子どもの目線で再チェックしてみてください。もちろん、たまに遊びに来る孫のためにすべてのガードはできないと思います。このような危険があることを知ったうえで、危険な場所では目を離さないということが大切です。

◎目を離した一瞬のすきに起こる誤飲事故

手でものがつかめるようになった子は、なんでも口にもっていきます。昨日までできなかったことが今日はできるようになっているということも、発達のめざましい時期にはよくあることです。子どもの口にはいる大きさのもの、危険なものは、床から一メートル以上高い手のとどかないところに置きましょう。

タバコの誤飲は吸殻や成分が溶け出した水も危険ですから、くれぐれも注意してください。医薬品、化粧品、洗剤、殺虫剤、冬場は灯油などの誤飲もあります。ゴキブリ退治のホウ酸団子などもなにげなく置いてしまいますが、赤ちゃんには要注意です。最近よく使われるボタン電池も危険なものです。

毒物などの誤飲事故が起きたときは、「中毒一一〇番」に電話をすると、情報を提供してくれます。

中毒一一〇番　（財）日本中毒情報センター

大　阪　〇七二—七二七—二四九九　三六五日二四時間対応

つくば　〇二九—八五二—九九九九　九：〇〇〜二一：〇〇

タバコ専用　〇七二—七二六—九九二二（テープによる情報提供・無料）

◎窒息事故と気管支異物

リンゴ、生ニンジン、こんにゃくゼリー、キャンディ、ピーナツ、ナッツ入りせんべいなどは口に入れたままで動き回っていたり、急に泣き出したりしたら、気管に詰まっ

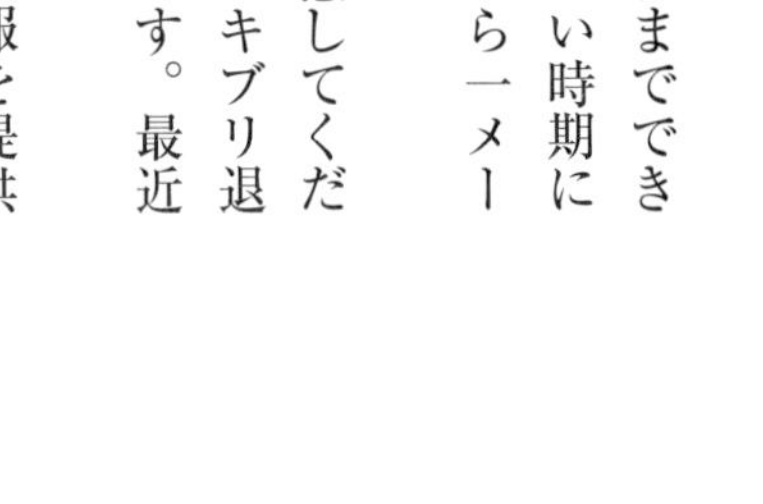

て危険です。口に食べ物が入っているときは、じっとさせ大人がそばについておきましょう。

◎転倒・転落

子どもは転びやすいものです。カーペットの端につまずいたり、マットですべったりすることはよくあることです。転んだところに机の角などあるとたいへんです。なるべく転倒の原因になりそうなものを避け、机など角のあるものは隅に置いたり、角をやわらかいものでガードしておきましょう。浴室の床は特にすべりやすいので、すべり止めのマットなど敷いておくと安全です。ベッドやソファー、階段や玄関からの転落もよくあります。危険な場所では目を離さないように注意しましょう。

◎やけど

子どもは好奇心旺盛でなんでもさわりたがりますし、皮膚も薄く弱いため重症のやけどになりやすいものです。抱っこのままで、熱いものを持たないようにしましょう。湯気の出ているポットや炊飯器、暖房器具は、子どもの手のとどかないところに置きましょう。

◎少量の水で起こる溺水事故

水は子どもの大好きなものですし、お風呂は楽しい場所です。子どもが小さいうちは残し湯はしない習慣にするのがよいでしょう。

◎交通事故

自分は安全運転のつもりでも、思わぬときに交通事故に巻き込まれることがあります。車に乗るときはチャイルドシートに乗せましょう。また、道路を歩くときは、かならず手をつないでおきましょう。

応急手当

◎頭を打った

冷たいタオルや、氷をビニール袋に入れ布にくるんだものなどで冷やして腫れをおさえましょう。たびたび吐く、うとうとして元気がない、手足の動きがおかしいなど異常があるときは、すぐ、病院に連れて行ってください。

◎やけど

冷水や氷で患部を冷やしましょう。油やアロエ、手持ちの軟膏などは塗らずに、清潔で皮膚にくっつかないガーゼでおおいます。水ぶくれは無理に破らないようにしてください。五百円玉より大きなやけどは病院を受診してください。

◎のどに物がつまった

顔色が青くなり、呼吸ができないとき、次のようにおこなってください。

赤ちゃんの場合

左右の乳首を結んだ線よりやや下の胸骨に二本の指を当て、強く押します。

もう少し大きい子の場合

子どもを後ろから抱きかかえます。片手でこぶしを作り、親指側をおへそのやや上に当てます。もう一方の手でこぶしを押さえ、強く上方に向けて押します。

病気や事故は思わぬときに起こるものです。近所の病院や、休日や夜間に診てもらえる救急病院なども、一度チェックしておくとよいでしょう。

どこが危険？ チェックチェック

ここが危ない！

コンセントのさしこみ口や電気製品には、いたずら防止の工夫を。
危険な物は、1メートル以上の高さのところに置きましょう。

キッチン・ダイニング

台所は危険がいっぱい！

特に熱いものや刃物の扱いには、万全の注意が必要です。

玄関

目をはなさないで！

玄関や階段では、思わぬ事故につながることがあります。

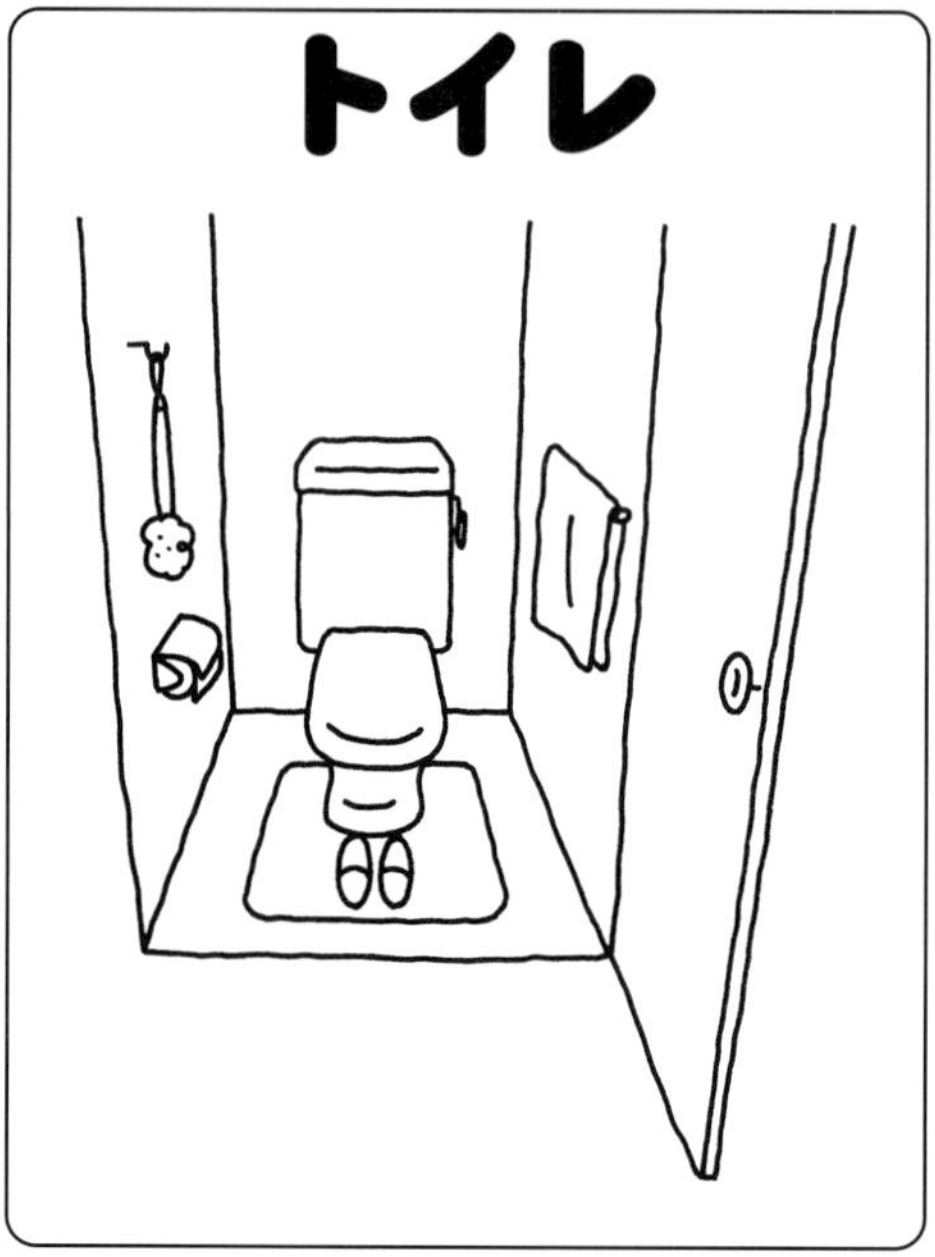
トイレ

洗面所

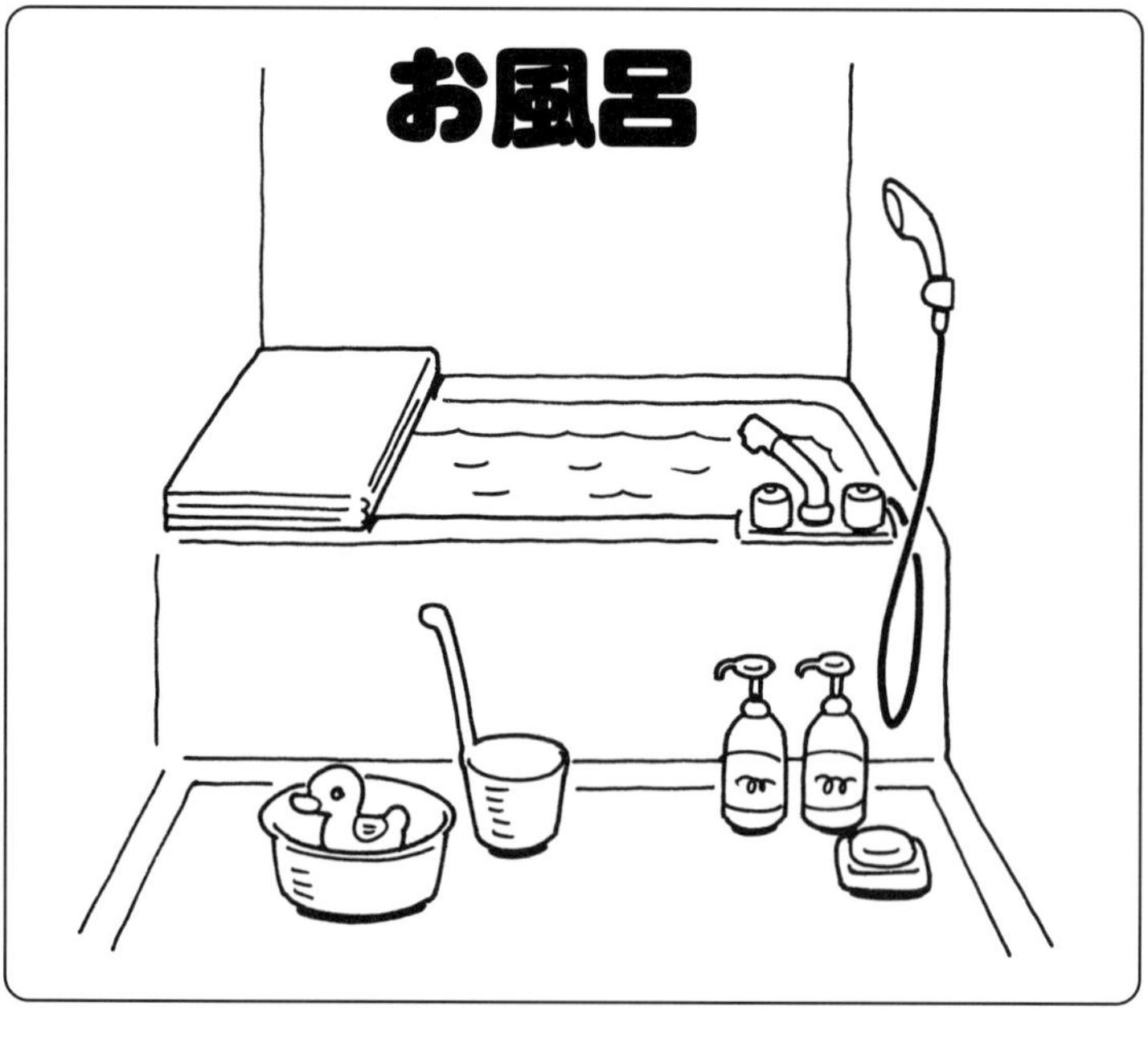
お風呂

ここもあぶない！

水回りは、特に注意が必要です。踏み台になるものはないか、もう一度チェックしておきましょう。

こんな危険も！

クーファン（かご）から転落

歩行器ごと段差へ

チャイルドシートのベルトがはずれる

ベビーカーから転落

ちょっと目を離したスキに……

自転車ごと転倒

車のパワーウインドーで指を詰める

◎座談会　一歳からの孫育て

山縣威日（産婦人科医）
患者様にもスタッフにも絶大な信頼と人気を誇る、頼りになるおひげの先生。赤ちゃんを見る目が、最近孫を見る目になってきたような……？

安井郁子（助産師）
陣痛の最中でも笑わせてしまうというユーモアたっぷりでありながら、確かな腕をもつカリスマ助産師。美人三姉妹の母でもある。

平川洋児（教育相談講師）
親子関係、人間関係についてわかりやすく楽しい講演が好評。メンバーの中で唯一孫を持つ本当のおじいちゃんでもある。でも若い。

中山真由美（小児科医）
三人の子どもを自らも母乳で育て上げた優しいお母さん先生。多忙ながら医師と母と妻をこなすスーパーウーマン。

鶴川明子（保健師）
優しい声とその笑顔に迎えられるとホッと何でも相談してしまうという、悩めるお母さん達の心強い味方。本人も三人の子育てに奮闘中。

宮本牧子（助産師）
お産も芸術的な作品のように思い出深いものに昇華させる魔法の力をもつ助産師。家庭では一男一女の母。

山縣　一歳からの子育ての知恵について話し合いをしたいと思います。少し大きくなってからのおじいちゃん、おばあちゃんの記憶にはどんなのがあるでしょうか。

平川　子育てしているときは親も若いから、親の思い出は、叱られたことばかりですよね。でもおじいちゃん、おばあちゃんというのは叱られた記憶よりも、愛された記憶が残っているんじゃないでしょうか。親に叱られた分だけ慰められるわけだから、その記憶がすごくいいのではないかなと思います。それがない子どもは、かわいそうだと思いますよね。

子どもが叱られたときは逃げ場になって

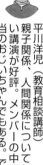

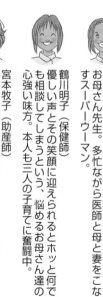

山縣　僕は親に叱られ、殴られエーンと泣いてしょんぼりしていたら、「はい、いらっしゃい。あんた何か悪いことをしたんじゃないの」と連れて行ってくれて、「お母ちゃんには内緒よ」と自分が押し入れに隠していた飴をちょっとくれたりしたのを記憶しているのだけど、それを必ずお母ちゃんには内緒よ、とくれるのね。そういう風習というのが、だいぶ減っているのではないですかね。

安井　内緒というのはうれしいですね。子どもには。

平川　おばあさんに助けられたな、僕らも。悪いことをして叱られる、おばあさんは何も知らずに、「もうせん言いよるから…」と言っても、何をせんのかおばあちゃんは知らない。でもそれで一件落着なんですね。

安井　うちの子もおばあちゃんのところに逃げて行きました。「何もしよらんのに怒る」と言って。

平川　今は、逃げ場所がないですね。

安井　一緒に謝ってあげるから帰ろうな、と言って連れてきてくれる。

山縣　いいおばあちゃんだね。

宮本　今は相手を恨むような感じですね。相手のせいというか。

平川　あんたは怒りすぎよとか、細かいことを言いなさんなとか。怒っちゃうからねお母さんに。対話がなくなるね。

中山　隠れてこっそり注意してくれるならまだいいのですけど、子どもの前でやっちゃうからね。

鶴川　あれはいやですね。

山縣　ところでお母さんというのはすごく記憶力がいいのよね。だから、例えば子どもが何かをガチャンと割った。とたんに「いつもちゃんと持ちなさいと言ってるでしょう。だいたいあんたはね、産まれた時から…」なんてダアーッと言うから。あれはすごい記憶力だね。

その時のことで怒ってくれればいいけど、前の分から怒るでしょ。夫婦げんかでもそうだけど、「だいたいあんたはね…」から始まってくるんだな。

安井 リアルですね。
一同 ハハハハ。
平川 怒るだけではなくて、落ち込ませるというか。そこまでやるかみたいに…。
山縣 あれで僕がおもしろいと思うのは、そういうふうに怒った場合に、怒られた側は、慰めてくれるところがあればいいけど、ないと誰かにうっぷんをはらすものね。妹や弟にガツンと。
平川 怒りのバトンをリレーするようにね。

子どもを愛するか世間体を愛するか?

鶴川 何でも人の目を気にして叱るという感じの親ごさんもいますね。
中山 ここで叱らないと、周りからどう思われるかしら、とか。
平川 ホンネとタテマエが違うんだよね。では子どもを愛するか、世間体を愛するかはご自由にと私は言うのですけどね。世間体を愛するのですよ、みんな。自分の子どもよりね。
山縣 世間体を愛するのは、特におじいちゃん、おばあちゃんが多いよね。「あんなことをさせてふうが悪い」とか。そういう意味でお嫁さんや娘さんが怒られ、その怒られたのが子どもにいく、ということがあるのでしょうね。

おじいちゃんおばあちゃんは名サポーター

平川　おじいちゃん、おばあちゃんに、僕がいつも言うのだけど、「前に出るな」と言っているのです。サポーターですから。お嫁さんの考えを優先してください。昨日までの常識は、今日は非常識なのですよと。だからお嫁さんの意見を尊重してくださいねと。

お嫁さんが仕事から帰ってきて、家事はほっといても、子どもと触れあう時間を三〇分か一時間つくってあげてくれと。それがおじいちゃん、おばあちゃんのお仕事だ。

お母さん方が帰ってきて、すぐ家事をするでしょう。子どもはお母さんに抱っこしてもらえない、遊んでもらえない。ですから、おじいちゃん、おばあちゃんがそういうサポーターをやってくださいと言っているのですよ。

それから意見は違っても、言うことは言ってください。しかしすっと引いてください。それはなぜかというと、例えば子どもが学校へ行かないとすると、お父さん、お母さんは学校へ行きなさい、おじいちゃんもおばあちゃんも学校に行きなさいと言うと、子どもはぺっちゃんこになるのですよ。

お母さんは「学校に行きなさい」、お父さんは「えがな、休みたいと言うなら休ませてやれえよ」。そしたら、今度はおばあちゃんが「あんたがごちゃごちゃ言うから、いかんのじゃ」と、おばあちゃんは息子を叱る。そうするとおじいちゃんは「おい、みそ汁作れ」と。みんなバラバラがいいんです。みんながみんなで「学校に行け」と言ったら、この子どもは逃げ場所がないですよと、だから一応は言ってくれと。そのうち息子の嫁さんが何か言い出したらすっと引きなさい。子どものほっとする居場所が、おじいちゃん、おばあちゃんなんですよと。

山縣　そうですよね。

平川　そんなことを僕は婦人会とか老人会に行ったら、お話しするのです。ある時「私は子育てに失敗したから孫は立派にします」という方がいました。

聞いてみたら、校長先生までした方なのですね。

だから自分の子どもを育てていない。おばあちゃんが育てたのです。だからいよいよ私の番。これちょっと待って、と言うのです。お気の毒といえば、お気の毒なんだけども、これは困りますね。「私の楽しみを平川先生は奪うのですか」とか言われたり。そんな人も時々いらっしゃいます。

おじいちゃんおばあちゃんを大切にするのが家庭円満の秘訣

鶴川　同居のおじいちゃん、おばあちゃんがいろいろうるさく言って困るという相談がありましたが、平川先生どうでしょう。

平川　それは僕に言わせたら案外簡単なのです。お年寄りを大事にしないからですよと。例えば子どもの誕生日は盛大にするけど、おじいちゃんやおばあちゃんの誕生日は祝わない。それから日曜日などは朝早くおじいちゃん、おばあちゃんが寝てる間に、家族でどこかに遊びに行く。そんなことをされたら、おじいちゃん、おばあちゃんが口うるさく言うのは当たり前です。

「今日、岡山の街に出たら、かしわ餅があったからおじいちゃん買ってきました。お茶をいれましょうか」とか「おばあちゃん、この花いいでしょ」とか。もっとおじいちゃん、おばあちゃんをちょこちょこ喜ばせなさいと。そしたら文句を言いたくなっても「まんじゅうを食うたばっかしで、文句も言えまいが…」ということで。

安井　それはそうですね。何か家の中がうまくいきますよね。

平川　おじいちゃん、おばあちゃんをうまい具合にだませと。

山縣　だませ。ハハハハ。

平川　おじいちゃん、おばあちゃんの一人や二人、大事にせえと。そういうように若いお母さん方には言うのですけど。おじいちゃん、おばあちゃんに礼を言えと。あんたが住んでいる家も、田んぼも、畑も夕ダでもらうんじゃろうが。そこまで言うのですけどね。大学まで行かせてもらって、ありがたいと思え、と言うのです。だからおじいちゃん、おばあちゃんを味方にしなさいと。うるさいと言って敵にするなと。

清潔もほどほどに

山縣　一番いけないというか気になるのが、あるおばあちゃんが、すごく泣かんばかりの顔をして、嫁が「汚い」と言うと…。

宮本　そのおばあちゃんのことを？

山縣　うん。例えば子どもにお菓子をやろうとすれば、「汚い、触ったものをあげないで」と。

安井　ひどいですね。

山縣　不潔ですと言われた、どうしたらいいでしょうかと言われたことがあるのだけど。やっぱり大家族の中で育っていないし、いつもこぎれいにしているから、他人のものが汚く見えるのでしょうね。よく思春期の子がお母さんが使ったはしも使わないとか、お母さんがはしをつけたものを絶対に自分は食べないとか。「汚い」とか「こっち向いてしゃべるな。つばが飛ぶ」とか。そういうことがよくあるのだけど。

その精神構造のまま大人になったのかな。親になって、それで自分の子どもにはそういうふうにしてほしくない。昔はよくあったでしょう。僕ももらった記憶があるけど、豆を噛んで、おばあちゃんが「あーん（噛み砕いて）」と言ったら、孫が「あーん」して食べたとか。あんなことをやったら今はアウトですね。即、隔離されるような気がするけど。（笑）

泥んこ遊びもいっぱいさせよう

山縣　ウチの話で恐縮なのですけど、元々子どもは泥んこ遊びが大好きでしょう。泥んことか、川に入るとか、ウチの子は水を見たら泳ぐ。おさえがきかなかった。

鶴川　泳ぐのですか。

山縣　雨上がりでも、水たまりとかでパアーッと泳ぐのよ。水を見たら駄目なの。

それでどこへ行くのでも、子どもたちには、大きい順にリュックを背おわせ、そこに二回分の着替えをつめて持って行った。

ただ、あれも知恵だと思うのね。子どもを抑制するのではなくて、子どもは楽しいことをいっぱいしたいけれど、親が怒るのは服を汚すからだものね。靴も服も汚れる。それで困るわけでしょ。自分が困るから、しては駄目と言うのだけど、洗濯すればすむことだから、着替えをたくさん持って行って「まあ好きにしなさい」と言うほうが僕は子どもは自然にいくかなと思う。

平川　今言われたように、泥遊びをしていない子が多いですね。この前も、泥遊びをさせようと言ったけど…、お母さんが、やっぱりきれい好きでしょう。泥遊びですかー…と。それで何をしたと思う？　泥の代わりにお米で遊ばせたそうです。

鶴川　えー?!

安井　だいぶ違うような気がする。

平川　泥遊びをしない子は困るね。

中山　親自身も泥んこで遊んでいない気がします。どういうふうに遊んだらいいのか。

鶴川　ちょっと汚れたら手を洗うという子ども達

が結構いますよ。ちょっとでも泥が付いたらとりあえず洗う。子ども自身も汚れると気持ち悪いみたいで汚い遊びはできないようになってしまっていますね。

平川　私らはあめ玉を落としても、ちょちょっとふいて食べました。今はそんなことさせないものね。

鶴川　今はお母さんの目が行き届き過ぎているのですよ。多分、子どもだけで遊んでいたら、お菓子が落ちてもきっと拾って食べるでしょう。だけど親の目が行き届き過ぎているから、いちいち禁止してしまうのですね。子どもだけなら本来そういう世界になるはずです。

山縣　そうだね。

ダメダメはほどほどに

平川　駄目、駄目、駄目が多すぎるのですよ。えらそうに言いますけど、この中で孫がいるのは私だけなんですよ。

山縣　そうだった！

平川　孫が私と散歩に行くのが大好きなのです。なぜかというと私が駄目を言わないのです。何をしても駄目と言わない。それで「散歩に行こうか」と息子が言うと、「おじいちゃんと行く。洋児さんと行く」と言います。

山縣　洋児さんと呼ばせているんだ。

平川　そう呼ばせています。じいちゃんとは呼ばせないのです。うちの息子は僕がアイスクリームやジュースを買ってやったりするから、ついてくると思っているのです。そうじゃない。何も買わないのです。その代わり駄目ということを一切言わないのです。何をしてもＯＫなんです。僕の場合は。

すぐ近所が小学校だから小学校に行くのですよ。校舎の一番端っこに、手洗い場があって、水道があるのです。ジャーッと出すと指を突っ込むのね。それで普通の親だったらどう言う？

鶴川　ダメと言うでしょう。

平川　僕は何も言わないです。それで二、三日くり返す間に、自由自在に水を操れるようになるのですよ。

山縣　すごいよね。

平川　そしたら自分の妹にジャーとやったり、私にやったりするのですよ。それが自由にできるようになったら、もうしない。

山縣　ああ、なるほど。

平川　それから校舎と校舎の間に池があって、魚が泳いでいるのですよ。棒でつつきたい。そして私は知らん顔をしています。教員室のドアが開いたよと言ったらポッと棒を放る。だから私についていると叱られないから、何でもできるでしょう。だからいいおじいちゃんなんですね。

孫といっしょに「オアシスの時間」を

山縣　それすごく大事ですね。親は目的があるので、だから何時までに帰らないといけないとか、買い物に行ってもゆっくりなんてできないから、「早くしなさい」とか何とか、いつも怒られることばかりだから楽しくないですね。ゆっくりとした子どもの時間とおじいちゃん、おばあちゃんの時間は共通している。そこがすごくいいところだと思うね。祖父母と過ごす時間は子どもにとって、まさにオアシスの時間ではないかと思うのだけど。

そういう意味では、おじいちゃん、おばあちゃんのもつ、子どもが育っていく途中の役割というのは、すごく大きいものがあるね。オアシスみたいな機能があれば、子どもの感情を無限に広げてやることもできるし、達成感もそうですね。子どもに達成感を味わわせるというのは今はなかなか難しいですね。

思いっきり遊んで達成感と自信を

平川 今は時間的な制約とかいろいろあるから、どうしても子どもたちは細切れの時間を過ごしているのですよ。たっぷり朝から晩まで遊んで、「わー、今日は楽しかった」というのがないのです。三〇分ほど鬼ごっこをして、二時間ほど塾へ行って、帰ってきてテレビを一五分ほど見て「宿題をしなさい」というふうに、細切れの時間を費やしているのですね。だから今、言われたような、「やったなー」という、そういう達成感がない。

たまにやるとしても、全部親がラインを引いてくれる、テントをつくって、審判して、ユニフォームまで揃えて、ジュースも弁当も出てきて、「はい、野球やれ」でしょう。僕たちの子どもの時には、農協の倉庫と倉庫の間で、屋根に当たったら二塁打だとか、これは達成感があったのですよ。全部自分たちでやったから。

中山 全部親がお膳立てして、親が一生懸命。

平川 そう、あれは親が遊んでいるのです。

鶴川 というか、負担も大きいみたいで、大変。

安井 昔は思い出がいっぱいありましたよね。

山縣 そうそう。男の子なんかは身体のいろんなところに傷があって、一つ一つの傷が思い出なんですよね。僕も顔は傷だらけだよ。みんな小さいころ作った傷なんだよ。そういうことが危険を避ける能力として身につくんです。保護していくと、そういうこともできなくなっていって、つまずいて転んでも、顔面を打つ子が結構いたりしてね。

鶴川 やんちゃに遊んでいる子がけがしなくて、お母さんがついて回っている子なんかの方が、骨を折ったり、大きなケガをしますね。

平川 ウチの孫と小学校に遊びに行く途中で、水の流れていない溝があるんですよ。そこへ行ってポッと立ち止まったのです。私がじっと見ていたら、跳ぼうとしたのです。私の顔を見るのです。というのは、跳んでもいいかということなんですね。私は跳んでいいとも、跳んでは駄目だとも言わずに、彼女に決定してもらいたいから知らん顔をしている。ニコッと笑うとＯＫでしょ。怖い顔をすると、駄目でしょう。だからニュートラルな顔をしている。

一同　ハハハハ。

平川　これが難しい。そしたら私の顔をじっと見ていたのですよ。しかし私の顔からはＯＫともＮＯともサインが出ないから、腰を落として跳んだのです。自分が決めたことでしょう。最初、じっと一生懸命考えていましたね。私はもしものときにケガをしたら息子の嫁さんが怖いですから、じわじわと側に寄って行くんですよ。もし跳んで失敗したときにケガをさせないように、手を差し伸べようとはするけれども、横目で見ていたのです。

それが、向こうが狭く三〇センチしかなくて、すぐフェンスがあるのです。普通だったらポーンと跳んで、トントントンでしょう。これはどうするのだろうかなと思って、心配だったのです。ところが跳んで降りた瞬間に、フェンスをガッと握ったのですね。私の方を見てニコッと笑うから、私もニコッと笑ったのです。

だから彼女のコンピューターはフル回転したのです。なぜ私の顔を見たかといったら、お父さん、お母さんだったら絶対駄目と言うでしょう。だから私が駄目と言うのか、ＧＯと言うか、顔を見ていたのですね。だから僕はその手には乗らないぞ、自分で勝手に決めろと。これはおもしろかった。勉強になりました。

山縣　すごいですね。

平川　それから二、三日たってそこへ行ったら、もう平気です。そして三回、四回したらもうしない。達成感とそれは自信がついたからです。だから僕と散歩をするのが好きなのですよ。

山縣　今は危ない、危ないと言ってする子育てですね。だから遊園地に行っても何かしようとしたら、「危ない」でしょう。子どもはみんな自分の周りには危ないものばかりだと思ってしまう。それがいけないと思うのですね。

私たちの小さいころなんかは今のお話のとおりですよ。何べんか川に落ちますよ。それで落ちるごとに、自分はどのぐらい跳べばいいのか学習していってね。落ちるとグチュグチュになるから叱られるでしょう。それを繰り返していって、学習というか、自分の能力、このぐらいなら跳べるとか、もっと脚力つけよう、助走をつければいいとか。

平川　コンピューターが働くんだ。

山縣　そうですよ。それが本当にないのです。確かに環境的には今難しいものがあるけれど。道路に出て車にひかれては何にもならないし、少子化だからますます子どもが貴重な存在になっていくので。

見せて教える

平川　今はお父さんもお母さんも、遊び方を知らない。例えば前回抱き方を知らないという話だったのだけど、抱き方の絵を描いて、見せてあげるとか、抱き方の練習をするとか。

山縣　おじいちゃん、おばあちゃんで共通しているのは、子どもがワアーッと泣いて来たら必ずしゃがみますよ。「どうしたの？」と必ず子どもの視線まで自分の身体を落としますよね。親は「どうかした！」と上から。この違いがあるのです。

おじいちゃん、おばあちゃんは必ずしゃがむ。

子どもにとって、これはすごく大事なことですよね。そういうものを実際に目の前で見せて「こうすればいいよ」ということをやはり身をもって示すというか、そういうふうにすると、お父さん、お母さんもそういうものを見て学ぶ。そういう時間があったらそれを繰り返していけばいいなと思う。今のお父さん、お母さんは教わっていないことだからできないわけだ。

中山　言葉で教えるとなんとなく命令されているようだけど、態度でやってみると、「ああやったら泣きやむんだ」とお母さんが学習する。子守歌も。今はなかなかお母さんは歌えないよね。おばあちゃんが歌ってあげる姿を見せると、「あんなふうにあやしたらいいんだ」とかが分かってくる。

山縣　今のお母さんは子守歌を知っているだろうか。どのぐらい知っているんだろう。

平川　童謡を知らないものね。おじいちゃん、おばあちゃんに歌ってもらって習う必要があるね。おじいちゃん、おばあちゃんが今のお父さん、お母さん世代に歌ってやってないでしょう。

中山　テレビの『おかあさんといっしょ』とかの新しい歌はお母さんたちも知っているけど。昔ながらの歌は歌わないですね。

平川　だから共通の歌がないわけです。

山縣　そうだなあ。

平川　だから「カラス　なぜ鳴くの…」なんていうのは、僕らが子どものときには、おじいちゃん、おばあちゃん、お父さん、お母さん、我々だって知っていたわけでしょ。今は「カラスの勝手でしょ」。これも古いね。童謡のような共通の歌がない。

お金や物より思い出づくり

平川　だからさっき先生が言ったのかな、思い出づくり。おじいちゃん、おばあちゃんは孫に思い出をつくってやりなさい。歌とか、お話とか。そうでないから、今のおじいちゃんおばあちゃんはATM（自動支払機）になっているんですよ。ただ、お金をもらうときだけ孫が来るのです。もううちの孫も大きくなっているから、一緒に散歩してくれません。もう誕生日だとか、正月だとか、お金をもらえるときでないと来ません。もうATM化してしまいました。多くのおじいちゃん、おばあちゃんは小さいときからお金をやるか、物を買ってやることしかしないわけです。そうではなくて、一緒に歌を歌う、散歩をする、いろいろな遊びをする、絵本を読んでやるというふうに、おじいちゃん、おばあちゃんは孫に物やお金をやるのではなくて、思い出をつくってやってほしいと思うね。

すべてを受けとめて優しさを伝えよう

安井　優しいということが大事ですね。厳しいおじいちゃん、おばあちゃんでなくて、優しい、すべて受け入れてくれるという。

平川　そうそう。

山縣　親は普通厳しいからね。それは当然なんだ

けど。だからおじいちゃん、おばあちゃんはある意味で無責任でいいんです。責任を持つことはな

い。

平川　持とうとしてはいけないですね。

安井　昔話をしてくれたことを懐かしく覚えています。

山縣　だから僕が思うに、金属バット事件のようなことがいまだにいろいろ起こるでしょ。ますます殺伐としている。親も兄弟もないでしょ。あれはやっぱり優しくされた思い出が入っていないんだよ。

今おっしゃったようにお話を聞かされたり、いろんな子守歌を歌ってもらったことがインプットされていたら、親をなぐろうなんて思えないと思う。

安井　小さいころにすごく優しくしてくれた人は、すごく大事にしますね。

山縣　まさに孫育てというのは、そういう大切なものを子どもに伝える。つまり、いのちを伝えることと共に、人の優しさを伝えることだと思います。それが孫育てなのだろうなと思いますね。

クイズにチャレンジ!! パート2

○・×どっち？

もう「古い」だなんて言わせない！ 進化し続けるための最新知識

鶴川明子（保健師）

Q1

一歳過ぎても欲しがれば、おっぱいをあげてかまわない。

（○×）

Q2

おっぱいをやめると決めたら、泣いても絶対にあげてはいけない。

（○×）

Q3

産後一年を過ぎると、母乳の栄養はほとんどなくなっている。

（○×）

Q4

夜中に母乳を与えていると、虫歯の原因になる。

（○×）

Q5

甘いおやつやジュースは、たくさんあげないほうがよい。

（○×）

Q6

子どもは、大人より一枚少なめに薄着をさせる。

（○×）

Q7

オムツをはずす練習は一歳までに始める。

（○×）

Q8

生後5〜6か月頃から誤飲事故が急増する。

（○×）

Q9

おじいちゃん、おばあちゃんは、孫にとって心のオアシスになれる。

（○×）

Q10

我が家の孫が一番可愛くてかしこい。

（○×）

A1

答え（○）

　子どもが一歳を迎えるころには、断乳をしなければならないようなプレッシャーを感じるお母さんがおられます。何歳までにおっぱいをやめなければならないということはありません。「身体の栄養」の役割は減っても、「心の栄養」としておっぱいが必要な子どもはたくさんいます。一歳過ぎても、二歳過ぎても大丈夫。満足できるおっぱい時代を過ごした赤ちゃんは、甘えん坊どころか、自立心にあふれ、活き活きと成長していきます。自然に乳離れができるまで、安心しておっぱいをあげられるように、一番身近な家族が温かく見守ることがとても大切です。

A2

答え（×）

　乳離れの時期に個人差があるように、やめるときのスタイルもいろいろあっていいのです。ただ、突然断乳となると、赤ちゃんもお母さんもストレスが大きくなります。誘わず、拒まず、おっぱいに代わる心の触れあいや、おっぱい以外の楽しみを見つける手助けをしてあげながら、段階的に乳離れすればよいのです。

A3

答え（×）

　半年あるいは一年過ぎると母乳は薄くなるとか、栄養がなくなると思っていませんか？　故山内逸郎先生による母乳成分分析の詳しい研究で、母乳の成分は一年以上経ってもほとんど変わらないことがわかっています。

A4

答え（×）

　母乳が虫歯の原因になるということはありません。甘いお菓子などを食べ始めると、虫歯の原因となる歯垢が作られます。歯垢ができた不衛生な状態でおっぱいを与え、そのまま眠りにつくと虫歯になるのです。甘いものを与えすぎたり、だらだらお菓子をあげないで、歯磨きなどに気をつければ、夜間の授乳で虫歯になる心配はないのです。

A5

答え(○)

これは、わかっていても孫の喜ぶ顔を見たくて、ついついあげてしまうことが多いようです。虫歯予防や栄養、しつけなどに心を砕いているお母さんに、ぜひ協力してあげましょう。

A6

答え(○)

自分で自由に動けるようになった子どもは、大人より一枚少ないくらいを目安にしましょう。室内では、靴下もいりません。体温調節が上手にできて、カゼもひきにくい身体に育てるには、着せすぎは逆効果です。

A7

答え(×)

オムツがとれる時期も個人差があります。いくら早くトレーニングを始めても本人が排泄のコントロールができるようになるまではうまくいきません。早くとれる子もいれば三、四歳までかかる子もいますが、必ずオムツはいらなくなります。子育ての全てに共通しますが、子どもの成長には個人差があることを忘れないでください。他の子どもと比べず、その子なりの成長を信じ、お母さんが安心して待てるように、周りの人も長い目でみてあげましょう。

A8

答え(○)

二章に詳しく書かれていますが、乳幼児のいる家庭では、家族みんなで安全に気を遣わなければいけません。

A9

答え（○）

もちろん○ですね。汲んでも汲んでも溢れ出る清らかな泉のような愛情と、豊かな経験に培われた確かな智恵で、かわいいお孫さんだけでなく、育児に疲れたお母さんにとっても、まさしく心のオアシスとなることでしょう。

A10

答え（○）

さあ、後編のクイズの結果はいかがでしたか？

愛してやまない孫の幸せを願う思いはどんなにか深いものでしょう。その思いを上手に伝えるためのヒントが見つかったでしょうか。

自分たちも、迷い、悩みながら一生懸命に子育てを経験してきたおじいちゃんおばあちゃんだからこそ、お孫さんやお母さんの支えとなり、よき理解者となることができるのです。自負や反省も踏まえたうえで、正しい知識を持ち、お孫さんの成長を温かく見守ることができる、そんなおじいちゃんおばあちゃんは、家族にとってかけがえのない存在であり続けることでしょう。

◎三章　みんなのホンネを聞きました

これさえ読めば、あなたも完璧なおじいちゃんおばあちゃんになれること間違いなし!?

子育て中のお母さんに聞きました!

育児まっただ中のお母さんや、現在妊娠中の方々にアンケート形式で答えて頂きました。これは若い現役お母さん達の貴重な「生の声」「本音」です!

どーんと広いこころで、読んでみてくださいね。

【妊娠中】

祖父母に言われて「うれしかったこと」

◎「無理をしないで、家事も一つくらい手抜きでもいいという気持ちで過ごしてね」と言われた。

◎「身体を大事にして、家のことで体力のいることや危ないことは、ダンナに全部頼みなさい」と言ってくれたこと。

◎「赤ちゃんができて良かったね」という祝福の言葉。

◎「無理せずに、何でも頼んでね」

◎義母の望む性別ではなかったが、性別が分かったときに、「どっちでもいいから、元気で丈夫な子ならいいじゃないの」と言われたこと。

◎妊娠を「うれしい」といつも喜んでくれていること。

◎「初めの子は女の子が育てやすくていいよ」と言ってくれたこと。
◎「体を大事にしなさい」と、気遣ってくれたこと。
◎両親から、早く実家にかえってくるように言われたこと（一人目は実家に帰らなかったので）。
◎義父から、「一日でも早く里帰りしてゆっくりしたほうがいい」と言われたこと。
◎報告したとき、「よかったね。おめでとう」と言われたこと。
◎つわりの時は「無理しなくていい」と言ってくれて、主人にも協力を助言してくれたこと。
◎「ダンナを使え」と、義母が言ってくれたこと。
◎妊娠初期から結構腰が痛くて、実家に行くたびに父が「大丈夫？」と言ってくれた。
◎健診に行った後は電話をしてきてくれ、いつも気にかけていてくれること。
◎妊娠したことが分かって、「良かった。無理しないように体を大事にして」と義母に言われたこと。
◎「おめでとう。体に気をつけて、元気な子を産んで」
◎「何か手伝えることがあったら、遠慮なく言ってね」
◎義母が「うちの嫁」ではなくて、「私の娘」と言ってくれたこと。
◎両親がおなかの赤ちゃんに、「元気に大きくなっているか？」と声かけをしてくれたこと。
◎実父がメールで、「ちびっこは元気なのか、そろそろ動いているか」と聞いてきたこと。
◎「よかったねー、楽しみだねー」と言ってくれた。

◎実家の父が私の生まれた時の話をしてくれ、こころから嬉しそうに「おめでとう」と言ってくれたこと。

◎「おめでとう。元気な赤ちゃんを産んでね」

◎「とにかくよかったね」と喜んでくれたこと。

◎「しっかり食べて、元気な子を産んでね。よかったね」

◎「初孫を抱けるのはうれしい」と言ってくれた。

◎「大丈夫？」と常に声をかけて、体をいたわってくれたこと。

◎家に行くたびに、「赤ちゃんの調子はどう？」と聞いてくれた。

◎「一緒に面倒をみてあげる」と言ってくれた。

◎妊娠中、とても楽しみに待ってくれたこと。

◎育児、出産についての苦労話を教えてくれ、「がんばって」と言われた。

◎私と子どもが元気でいることが、一番大事だと言ってくれたこと。

◎「家族が増えるのは楽しみだ」

◎「上の子を預かってあげる」と言ってくれたこと。

◎予定日を過ぎても陣痛がこなかった時に、「お産は人それぞれ。元気に産まれてくれるのが一番」と義母に言われたこと。

◎「男の子でも女の子でも、元気な子が生まれればそれでいい！」と言われたこと。

◎「困ったことがあったら言ってね」

◎「陣痛が来たら、連れて行ってあげるよ」

【妊娠中】

祖父母がしてくれて「うれしかったこと」

◎体を気遣ってくれたこと。
◎食事を一緒にしたり、上の子と一緒に遊んでくれたこと。
◎体に良さそうな食べ物を、義父母の家に行くたびに準備していてくれたこと。
◎妊娠後期に貧血などに悩まされていたため、母が食事内容に気を配ってくれたこと。
◎出産準備などの経済的な援助をしてくれたこと。
◎重い荷物や買物等を、気遣って持ってくれたこと。
◎つわりがひどい時期に、いろいろと世話をしてくれたこと。
◎安産祈願をしてくれたこと。
◎出産前から手伝いに来てくれたこと。
◎里帰り出産で、両親がベビーベッドのレンタルなどを進んで調べていてくれたこと。
◎つわりなどで体調が悪いときに、家事などをしてくれたこと。
◎お腹の赤ちゃんのことはもちろんだが、まず第一に娘である私の体を心配してくれたこと。
◎遠いのに、実家の母がよく来てくれて、上の子の世話をしてくれた。
◎「しっかり栄養をとりなさい」と、野菜や煮物を届けてくれたこと。
◎全てのことで勝手に進めず、一つひとつ相談してくれたうえで私たちの希望通りにしてくれたこと。
◎妊娠の本をプレゼントしてくれたこと。

◎つわりの時に、フルーツをたくさんくれたこと。

◎つわりがひどかった時に義母がよく電話してきてくれて、「自分もつわりがひどかった」と、共感してくれた。

◎お腹を冷やさないようにと、毛糸のスパッツやタイツなどを買ってくれたこと。

◎妊娠の報告をしたときに、義父が「鯛でも持っていこうか」と言ってくれたこと。つわりで結局は食べられなかったが、その気持ちがうれしかった。

◎お母さんが、お守りを買ってきてくれたこと。

◎子どものベストを編んでくれたこと。楽しみにしてくれていると思うと、うれしかった。

◎里帰り出産で帰省したとき、毎晩暑い中母が散歩につきあってくれたこと。

◎一人目を妊娠中につわりがひどかったので、実家に帰って主人のご飯などを手助けしてもらった。

◎二人目を妊娠中に流産しかけて、自宅安静になった時、実家で上の子を見てもらった。

◎腹帯を買ってきてくれたこと。

◎いつでも行くと、喜んでご飯を作ってくれたり、身の回りのことをしてくれた。

◎妊娠のことについて、いろいろ教えてくれたこと。それに、優しくしてくれたので、うれしかった。

◎義母が、妊娠中で貧血になったときに、レバーの料理を作ってくれたり、カルシウム強化のために桜えびや小魚をミキサーにかけて、ふりかけを作ってくれたことが、とてもうれしかった。

◎義父が孫のためにと、保険に入ってくれたこと。
◎おむつを縫ってくれたこと。
◎義母が一人で戌の日のお参りに行ってくれたこと。
◎県外に住んでいるにもかかわらず、安産のお札をわざわざ届けに来てくれたこと（義父母、両親共）。
◎鉄分が足りないとわかると、食べる物をあれこれ教えてくれたり、作ってくれたこと。
◎初期に出血をして安静にしないといけなかった時に、食事を作ってくれたり、家事をすべてしてくれたりしたこと。
◎上の子の保育園への送迎をしてくれたこと。
◎栄養のバランスを考えて、食事を作ってくれたこと。
◎お腹をさわって語りかけてくれたこと。
◎両親が遠いのに、一生懸命応援して病院へ来てくれた。
◎つわりの時、食べられるものをいろいろ工夫してくれたこと。
◎食事会をしてくれ、食べ終わった後に片付けは義父や主人、義理の弟がしてくれたこと。
◎病院への送り迎え、買い物などをしてくれたこと。
◎健診や母親学級などに行く時、上の子を見てくれたこと。
◎今までと変わらず、自然のままいてくれたこと。

【妊娠中】

祖父母に言われて「嫌だったこと」

◎「無理は禁物だけど、多少は動いた方がお産が楽よ」と、嫌みっぽく言われたこと。

◎予定日がだいぶ過ぎたので、「まだ、産まれないの？」と言われたこと。

◎お腹が目立ってきて、「太った」と言われたこと。

◎義母に、「実家に早めに帰ろうかと思う」と言ったら、「そんなに早く帰るの」と言われたこと。

◎性別の希望を言われたこと。

◎出産予定日から遅れると、いろいろと言われたこと。

◎一人目を妊娠したばかりなのに、「二人産まないといけない」と言われたこと。

◎三人目の妊娠が分かった時に電話で報告したら、「おめでとう」と言うよりも先に、義父母から金銭的な面で「大丈夫なの？」と言われたこと。

◎「性別はわかった？」と、何度も聞かれたこと。

◎義母から、「自分の娘は出産後すぐに家に帰ったのに……」と言われたこと。

◎母親が妊婦だった時代と比べて、「今の妊婦は恵まれている。、楽でいい。昔は大変だった」と言われた。

◎つわりで気分が悪い時でも、「自分の時はそんなに寝ていられなかったのに」と言われたこと。

◎男の子だと報告したら、「女の子の方が育てやすいよ」とか、「女の子がかわいいよ」と言われて、少しがっかりした。

◎「お腹が小さい、小さい」と言われて不安になった。産んでみたら、4キロもあり、よけい腹が立った。

◎性別を聞いてなくて、義母に「最初に男の子を産んでいたら、後が楽よ。次はどっちでもいいんだから～」と言われた。主人が長男ということもあるが、家のために子どもを産むみたいな感じですごく嫌だった。

◎何をするにも、「妊婦なんだから……」と言われて、うっとうしかった。

◎一人目の子を妊娠中、臨月までつわりがあってしんどかったのに、正月に主人の実家に帰ったとき、「妊娠中なのにやせて……、しっかり食べないといけないのに」と人前で言われたこと。

◎子どもの名前について、あれこれと言われたことが、うれしいような、うるさかったような気がした。

◎私の育児に対する考え方に、いちいちケチをつけること。

◎お金を渡されて、「子どものために（特に子どもを強調）、その準備に使って」と言われたこと。

◎「あれをしてはダメ」とあれこれ言われたこと。

◎「重いものは持つな」「高いところに手を伸ばすな」「カルシウムをとれ」「鉄分をとれ」などと、さんざん言われたこと。

◎「男の子を一人は産んで欲しい」と言われたこと。

◎実母に、「べたべた可愛がったりしないよ！」と言われたこと。

◎主人の姉が双子だったので、「双子ではないか、一人だったらそれだけでいい」と言われたこと。

◎「何かあったら何でも言いなさい」と常に言われ、別に何もなかったのに遠慮していると思っていたようで、あまり干渉しないでそっとしておいて欲しかった。

◎「だから子どもなんかつくらなければよかったのに」と言われた。

◎まだ妊娠したばかりなのに、「年子ですぐ下の子もつくれ」と言われたこと。

◎「三人は要らない」と、一人目を妊娠中に言われたこと。

◎「赤ちゃんは一人でいい」と言われた。

◎初めての子だったので性別を気にしていなかったのに、女の子とわかったら、「男の子が良かったのに！」と言われたこと。

◎「足がむくんでいる」と言われたこと。

◎予定日の一カ月も前から、「まだかまだか」と毎日電話してきたこと。

◎つわりでしんどい時、「つわりは気分的なものもあるんだから、しっかりしなさい」と言われたこと。

◎里帰り出産を嫌がられたこと。

◎「男の子は役に立たない」と言われたこと。

◎仕事もしていて、むくみやすい体質にもかかわらず、「とにかく動かないといけない」と、まるで私が毎日怠けているように言われたこと。

◎「いつ出てくるの」「今日はまだ？」と、毎日電話が……。

◎女の子だったので、あまり喜んでくれなかったこと（夫の両親）。

◎二人目を妊娠した時に、「えっ？　もう？　早すぎるんじゃない？」と言われたこと。
◎「仕事をしていても大丈夫なのか？」と過度の心配をされたこと。
◎まだ二九歳なのに、「高齢出産だけど大丈夫？」と言われた。
◎「妊婦さんの中には、お母さんばっかり大きくなって、赤ちゃんに栄養がいってない人もいる」と聞かされ、不安になった。
◎ちゃんと生まれてくるまでは不安になるのはわかるけど、流産のことばかり言われるのは……。心配してくれるのは嬉しいが、もっと不安になってしまった。
◎食べ物が欲しくない時に「食べなさい」と言われたこと。
◎前回の出産の時にかなり太ってしまったので、「あまり太らないように」と言われたこと。
◎まだ生まれないのに、「お腹が下がったんじゃない？」と言われたこと。
◎「体が丈夫な子であればいい」と、そればかり言われ続けた。自分もそう願っていたが、身内に身障者がいるので、逆に言われすぎるとプレッシャーになった。
◎義母に「女の子みたいです」と伝えた時に、「育てるのが大変な男の子を育ててこそ、母として一人前」のようなことを言われて、少しショックだった。
◎つわりで食べたくないのに、「あれ食べろ、これ食べろ」と言われたこと。

【妊娠中】

祖父母がしてくれて「嫌だったこと」

◎自分たちで名前を決めると言っておいたのに、名前や字画数を考えていたこと。
◎妊婦なのでたくさん食べるようにと、食べきれないくらいたくさん作ってくれた。
◎大きなお腹でしんどい時に、わざわざ夕食を食べに来て、接待がたいへんだった。
◎主人の両親はドケチで、初孫なのに何も買ってくれないし、関心もなさそうだった。
◎二人目を妊娠中、上の子の育児でくたくた。自分の体もきつかったので、旦那の実家に行くことを減らしたら、近所まわりにどれくらいのペースで帰ってきているか、聞き回っていたこと。
◎勝手に、安産祈願の神社を決められていたこと。
◎やたらに心配してアパートに来たり、勝手に部屋に入っていたこと。
◎妊娠中なのにどこにでも連れまわすこと。
◎貧血やつわりでつらい時に運動を強要すること。
◎サプリメントを勧められたこと。
◎おいしいケーキやお菓子をいつももらっていたので、中毒症になってしまった。
◎先に先に物を買ってしまうこと。
◎食事会をしてくれるのはうれしかったが、頻繁に主人の実家であるので、私も仕事があるし、車で出掛けるのがすごく面倒に感じた。
◎突然に訪ねて来ること。
◎私のことを気遣ってくれてのことと思うが、普段より電話の回数が多かったこと。

【育児中】

祖父母に言われて「うれしかったこと」

◎子どものことをかわいがってくれ、「かわいい！　かわいいね！」など、よく言ってくれること。

◎どちらの両親にとっても、初孫になるので、とてもかわいがってもらっていること。

◎「私（本人）に似て、いい子になるよ」と言ってくれた。

◎「いつでも子守りをしてあげるよ」など、子どもの少しの成長でも、認めてくれる（喜びを共感する）発言がうれしい。

◎「かわいい」「大きい」など、子どものことをほめてくれること。

◎「よく頑張っているなぁ」と言ってくれたこと。

◎「○○○がイチバン！（かわいい）」と、言われたこと。

◎「育児を頑張っているね」とほめられたこと。

◎「休みなさい」「しっかり寝なさい」と気遣ってくれたこと。

◎「素直にすくすく育っているね」の言葉。

◎「大変そうだから少しは休みなさい」と、声をかけてくれたこと。

◎実母に「孫がかわいいのは、娘（あなた）がかわいいからだ」と言われたこと。

◎「母乳で頑張っているね」と言われたこと。

◎「いい子に育っているね」の言葉。

◎「のびのび育っているから、いい子になっていくと思うよ」と言われたこと。

◎「その子その子の性格とか、いいところもあるから、比べたらダメだよ」と言われた

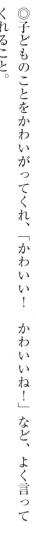

こと。
◎とにかく「かわいい、かわいい」と接してくれたこと。
◎出産して入院中に、主人の親戚の方からお祝いのお花が届いて、メッセージに「母乳がたくさんでるように、ゆっくり休んでください」と書かれてあったこと。
◎「小さくても元気だから大丈夫だよ」と言ってくれたこと。
◎「良い名前がついている」と言われた。
◎私の幼いころの話をしてくれ、アドバイスをくれたこと。
◎「いつでも家に来ていいよ」と言ってくれたこと。
◎「気を張らずに楽に育児はしたらいいよ」と言ってくれたこと。
◎自分の母親に「母親らしくなったね」と、言われたこと。
◎張り替えたばかりの障子を大量に破ったのに、「いいよ」と言ってくれたこと。
◎「お母さんが一番だからね」と言ってもらったこと。
◎何でも初めてやったことに対して、ほめてくれること。
◎「上手に育てている」と言われたこと。
◎子どもが泣き虫でも、少食でもすべて良い方にとってくれるのがうれしい。
◎「主人に似ている」と言われたこと。
◎「こんなにいい子に育ってよかったね！」と、言ってくれたこと。
◎話を聞いてくれて、「いつでも行くからね」と言ってもらえて張り詰めていたこころがほっとした。

【育児中】

祖父母がしてくれて「うれしかったこと」

◎両親が産後すぐに、家事などをいろいろ手伝ってくれたこと。
◎子守り、おむつを替えてくれて、かわいがってくれること。
◎育児でイライラしている時に、話し相手になってくれたり、おんぶしてくれたりして毎日助けてくれること。
◎家事を手伝ってくれること。手が離せない時、子どもをあやしてくれること。
◎週末に赤ちゃんを預かってくれたこと。
◎成長をこころから祝ってくれたこと（そういった場を設けてくれたこと）。
◎子守りや通院の援助、経済的援助。
◎訪ねて来て食事の支度などをしてくれ、抱っこやおんぶをして遊んでくれること。
◎初孫なのでみんなにかわいがってもらえること。
◎下の子に手がかかる時に、上の子を見ていてくれること。
◎美容院などに行く時、家で子どもの面倒を見てくれること。
◎子どもの面倒を見てくれて、その間に夫と二人で食事に行かせてくれたこと。
◎子どもに絵本を読んでくれたり、遊んでくれること。
◎子どもの食事をいつも気遣ってくれ、外食の時も子ども用のお弁当を作ってくれたり、家にうかがった時にも、大人とは別に作ってくれたこと。
◎退院直後の赤ちゃんの洗濯や食事の世話などを手伝ってくれたこと。
◎復職した時に、子どもを預かってくれたこと。

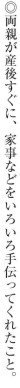

◎主人が休日以外に子どもに接する時間もなく、一人で子育てしているので、ストレスが溜まって子どもを叱ることが多くなる。そんな時に、両親が子どもを預かってくれて、一人でお風呂にゆっくり入らせてくれたこと。
◎嫌な顔ひとつせず、都合がいい時にはいつでも預かってくれること。
◎なかなか寝つかない時に、長いこと抱っこして根気よく寝かしつけてくれたこと。
◎私が風邪をひいてダウンしていた時、面倒をみてくれたこと。
◎子どもの好き嫌いが多いが、いろいろ工夫して食べさせてくれたこと。
◎いいことはしっかり褒めてくれ、悪いことはきちんとダメと言ってくれること。
◎なんといっても預かってくれることが一番助かった。
◎上のお兄ちゃんの遊び相手に来てくれたこと。
◎「二人でご飯を食べに行っておいで」と言って、子どもを預かってくれたこと。
◎気が抜ける時間を作ってくれること。
◎自分の父親がさりげなく育児を手伝ってくれたこと。
◎泊まりに行った時、ずっと抱っこしてくれたこと。
◎自分で育てた野菜をくれること（量が多すぎると困るけど）。
◎気を遣って洋服等買ってくれたこと。
◎たくさん愛情を注いでくれたこと。
◎子どもを散歩に連れ出してくれたりして、自分の時間を作ってもらえたこと。
◎子どもの世話や病院への送り迎えをしてくれたこと。
◎上の子を連れ出してくれることで下の子との二人の時間が持てたこと。

【育児中】

祖父母に言われて「嫌だったこと」

◎人見知りを始めた時、「人見知りは損だ」と言われたこと。
◎「おっぱい出てないいんじゃないの?」と言われたこと。
◎「抱き癖がつく」ばかり言われたこと。
◎母乳だけなので、「混合にしたら預かってあげられるのに」と言われたこと（自分は、母乳が出る間は粉ミルクは与えたくない）。
◎「ミルクの方が栄養バランスがいいんじゃないの?」「ミルクだと私もあげられるのに……」などと言われたこと。
◎「○○じゃないの」「○○なんでしょ」と子どもの一面、一姿を見て決めつけた言い方をされたこと。
◎「ママがダメって言うから……」「ママに叱られるから……」という言い方をすること。
◎子育てに口出しされること。
◎「おっぱいの量が足りないのでは……」と言われたこと。
◎「おむつを早くとらないと……」と言われたこと。
◎子どもの肌がプツプツしていると、すぐ「アトピーみたいだね」と決めつけたように言われたこと。
◎子どもに食物アレルギーがあるので、「小学校へ通い始めて食べられなかったら大変だ」などと、「大変、大変」ばかり言われ、私の心配を助長するようなことを言われた。
◎「泣くのは、おっぱいが足りないからだ」と、言われたこと。

◎里帰り出産だったが、一カ月程経った時、義母に「いつまでいるの？　いつ帰るの？」と言われたこと。

◎会うたびに、義母や大姑に「お乳は出ているのか」と聞かれること。

◎「二歳がきたから、もうおむつを取らないと」と言われたこと。

◎「おっぱい足りているのかな？　ミルクをあげてみる？」と言われたこと。

◎上の子（二歳）にお乳をあげていると、卒乳を考えるように、その都度言われたこと。

◎義母に、私が毎日せっせとつけている育児日記のことで、「神経質過ぎる」と言われたこと。

◎食事の与え方など、子どもがなかなかいろいろ食べないので、その事について、ああしろ、こうしろ、と言われたこと。

◎「○○の塾がいいよ！」と言われ、主人が断ると、「じゃあ、おばあちゃんが連れていこう」と言われた。

◎初めての育児で、母乳が思うほど出なくて辛かった時、義祖母に「ミルクを……」と言われたのが嫌だった。

◎指しゃぶりとか抱き癖とかを注意されたこと。

◎「この子は母乳だから母親べったりで、甘えん坊だ」とか「わがままだ」とか言われたこと。

◎子どもが病気をした時、「親のせい」と言われたこと。

◎自分たちの苦労話をして、今は便利だと連発すること。まるで「育児が楽だろう」と言われているようでむかつく。

◎恩をきせようとすること。
◎子どもに対して「よく泣くね」と言うこと。
◎「お母さんとばっかりいてはだめ」と言われること。
◎「髪を切った方がいいんじゃない?」と言われたこと。
◎自分の母親に「お乳足りてないんじゃない?」と言われたこと。
◎「すごく小さくない?　ちゃんと食べてるの?」と言われたこと。
◎昔の育児のことを言われること。
◎「ミルクを足さないと」ということを、折りに触れ言われること。
◎電話をよくかけてきて、「孫を見せに来て!」と言われること。
◎「おっぱい足りないいんじゃない?　ミルクだったら代わりにやれるのに……」と言われたこと。
◎母乳の出が悪かった時に、「飲んでる量が少ないね」と何度も言われたこと。
◎義母に、子どもの身体的な欠陥があるようなことを言われた。実際には何もないのに。
◎ミルクを吐かせてしまった時に、「この子に何かあったら!　あなた一人だけの子じゃないんだからね」と言われたこと。

【育児中】

祖父母がしてくれて「嫌だったこと」

◎子どもの要求を聞き過ぎて、物を買い与えること。

◎食べ物を好きなだけ食べさせること。

◎義父が、夜に子どもにお菓子を与えること。

◎味の濃いものを食べさせること。

◎近所の子の育児法を押し付けられたこと。

◎子どもがしたことに対して、親（母）と同じように怒ってしまって、子どもの逃げ場がなくなってしまったこと。

◎甘いものを与えていないうちに、ジュースやお菓子を食べさせていたこと。

◎義父母と一緒に買い物に行ったら、上の子がチョロチョロする時期なのに、カートから勝手におろして迷子にさせた。しかも、「子どもがいる生活に慣れていないから」という一言に腹が立った。

◎トイレトレーニング中に、やっと誘ったらトイレに行くようになったのに、義母が無理に連れて行き、子どもが「出ない」と言っているのに無理に座らせたので、その後トイレに行かなくなってしまった。

◎泣くとすぐに物（食べ物）を与え、泣いていなくても、暇さえあれば与えること。

◎やめてと言っても、子どもの口にチューをすること。

◎何でもハイハイと許してしまうので、躾のうえからもけじめをつけて欲しい。

◎母乳をあげている時に、ドアを開けたがること。

◎初節句で大きな張子の虎を義母が買ってくれたこと。置き場所に困るし、子どもも怖がって押し入れに入れたままになっている。
◎むやみやたらにおやつを与えること。
◎赤ちゃんばかりに気がいって、上の子の話をあまり聞いていないこと。
◎自分の母が、お風呂で自分のおっぱいをくわえさせたこと。
◎初孫なので、みんなで取り合いをすること。
◎勝手に外に連れて行くこと。
◎自分たちがずっと抱っこして、わたしはお乳の時だけ……。
◎孫をかわいがりすぎて、お腹がすいて泣いているのに、私のもとへなかなか帰してもらえないこと。泣いている姿もかわいくて見ていたいらしい。
◎趣味に合わない服や、発達に合わないおもちゃを買ってくれること。
◎自分の母親が、お乳が足りないのではと、ミルクを飲ませてしまったこと。
◎百日の祝いで、おもしろがって梅干を食べさせようとしたこと。
◎奪い取るようにして、子どもを取られること。
◎ベビーバスが小さいのに、いつまでもベビーバスに入れてしまうこと。きれいに体が洗えないのに…。
◎勝手にスーパーでの買い物に子どもを連れて行くこと。
◎よその子と発育状態を比べられること。
◎寝たいはずなのに、あやして興奮させること。

【孫に対して何をしてもらったら助かりますか？】

◎外に連れ出して遊んでくれること。
◎私が疲れて昼寝している間に、子どもの相手をしてもらえれば嬉しい（たまに二時間くらい寝させて欲しい）。
◎あやしてもらうこと。たくさん話しかけてもらうこと。
◎育児用品を買ってくれたり、時々預かってくれると助かる。
◎実家に帰ったとき、お風呂に入れてもらうこと。
◎甘やかすばかりじゃなく、いろいろ教えてあげて欲しい。
◎してはいけないことに対しては、きちんと叱ってくれると良い。
◎私の体調の悪い時など、孫をたまには預かって欲しい。
◎親世代がしていた遊び（手遊び、歌ｅｔｃ）を教えて欲しい。
◎お風呂に入った時、子どもを先に上がらせる時に、おむつや服を着替えさせてくれて、とても助かった。
◎かわいがってくれればそれで十分。
◎自分たちの子どもの頃の体験、状況を話し聞かせて欲しい。
◎美容院に行く時など、面倒をみてくれる。
◎心配しすぎないで見守って欲しい。
◎危険物を片付けて欲しい（ごちゃごちゃいろんなところに置きっぱなしにしないで）。
◎私が病気の時、子どもを見てもらいたい。

◎息抜きするために何時間か見てもらうこと。
◎何も言わず今の成長を楽しんでもらいたい。黙って見守ってもらうのがいい。
◎両方の実家に行くとあやしてくれたり、遊んでくれたりするのでご飯がゆっくり食べられる。
◎上の子の相手。
◎職場に復帰するので、病気の時や保育園がない時に預かってくれると助かる。
◎集中して家事をしている時に見てもらいたい。
◎よく話しかけて欲しい。
◎かわいがっていっぱいお話をしてくれたらいい。
◎たまには一緒に公園に行って欲しい。
◎私がお風呂に入る時に、見ていてもらうこと。
◎一緒に散歩してくれるのがうれしい。
◎遊園地、動物園などに連れて行って外での遊びをさせて欲しい。
◎普通に接すること。
◎おじいちゃん、おばあちゃんにしかできない昔の話をたくさん聞かせて欲しい。

【孫に対してこれだけはやめて欲しいこと】

◎過度のおもちゃの買い与え。

◎なるべくたばこは近くで吸ってもらいたくない。きれいな手で触って欲しい。

◎子どもが求めていない物を与えること。

◎お菓子など、まだ食べられないものを口に入れること。

◎泣いた時に、物でごまかす。

◎やたらと「危ない」と言うこと。

◎おやつや物を買い与え過ぎること。

◎「お母さんには内緒よ」と、子どもにウソをつかせるようなこと。例えば、私は飴を食べさせていないが、おばあちゃんの家に行って子どもが飴を見つけた時、「一つだけね、お母さんには内緒よ」と言ったらしく、私が子どものそばで「なんか甘い匂いがするなぁ」と言った時、子どもが私とおばあちゃんの顔を見ながら困っていたことがある。

◎チャイルドシートをきちんと装着せずに車に乗せること。祖父母の世代は、チャイルドシートの重要性を知らないようで、警察対策くらいにしか考えていない。

◎子育てにはあまり、口出しして欲しくない。

◎私たち夫婦のやり方を否定し、曾祖母があれこれ指図すること。

◎お菓子や食事を勝手に与えること（アレルギーのことなどあまり知らないので、ついつい無防備に与えてしまう）。

◎甘やかし過ぎで、お菓子（間食）を沢山食べさせること。

◎時代が違うから、親たちの考え方を押し付けないで欲しい。
◎昔の育児法を無理強いしないで欲しい。
◎過度の甘やかし。欲しがる物を何でも与えること。
◎同じ孫の中で、差をつけるのはやめて欲しい。
◎過保護にしないで欲しい。
◎両親（私たち）の悪口を言うこと。
◎牛乳と同じとか、おっぱいと同じと言って、市販の乳酸飲料ばかり与えないで欲しい。
◎自分の考えを通そうとしないで欲しい。昔のやり方を押し付けないで欲しい。
◎保育所に入れると、落ち着きのない子になると決め付けないで欲しい。
◎怒らないで叱って欲しい。すぐに感情的になって声を荒げないで欲しい。言葉使いが悪いので直して欲しい。
◎離乳食を食べるようになった時、いろんな物を食べさせること。
◎子どもを叱る時、じゃまをすること。
◎自由にのびのびと育てたいので、「こうなって欲しい」と言うことはやめて欲しい。
◎食べさせないようにしている物を勝手に与えること。
◎してはいけないことをしたら、注意して欲しい。
◎何かする時には母親に聞いてから行動して欲しい。
◎赤ちゃんの時期からテレビを見せること。
◎他の孫に比べて成長が遅いとか比べること。
◎ダラダラと食べさせること。

大きな声では言えないようなことまで全部、おじいちゃんおばあちゃんの心の声を大公開！

祖父母に聞きました

おじいちゃんおばあちゃんにもアンケート形式で答えて頂きました。子や孫との関係は十人十色。でも愛する気持ちは同じですね。みんなの意見に「そうそう！」と思わずうなずきたくなるかもしれません。

【若夫婦に言われてうれしかったこと】

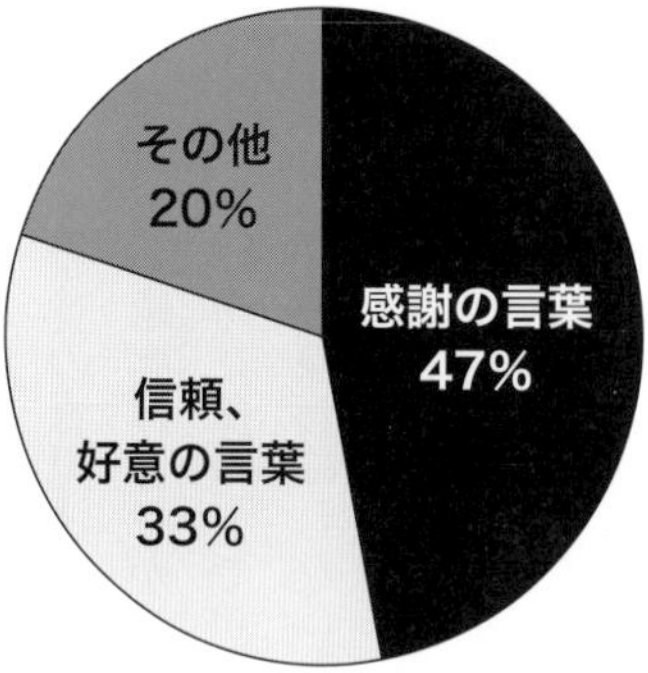

「感謝の言葉」

◎「ありがとう」（65歳、ほか12人）
◎誕生日などの祝いの言葉、洗濯物などをたたんでおくとよく「ありがとう」と言ってくれる（56歳）
◎「病気や都合がつかなかったときに預かって世話をしてもらえるので安心して働ける」と娘が言ったこと。孫とよく絵を描いたりはさみを使ったりしていたので「孫が絵を描くのが好きになった」と言ってくれたこと（58歳）
◎「来てもらって助かったよ」と頼りにしてくれる言葉（59歳）
◎手伝うことを喜んでくれる言葉（55歳）
◎子守りをしてお礼を言われ、祖母になって役に立てて心が満たされた（64歳）
◎お嫁さんの「安心して自分たちの時間がもてるのでありがたいです」の一言。何をしても「ありがとう」をよく言ってくれる（54歳）
◎若夫婦が共働きで孫2人の面倒をみたことについて感謝してくれること（60歳）
◎「面倒を見てくれて助かる」「近くにいてくれて本当によかった」「困った時に相談できるので安心」（62歳）
◎月～金曜日に夕食づくりと洗濯をしているので「ありがとう」と言われる（69歳）
◎親が言っても通じない時、電話で孫と話をしてお礼を言われたこと（59歳）
◎「若い人たちの好きな料理をたくさん作ってくれてありがとう」（56歳）

「信頼、好意の言葉」

◎信頼して意見を求めてくれること（59歳）

◎「おばあちゃんの作ってくれるご飯はおいしい」（60歳）

◎孫達に私の料理をほめてくれた言葉。やさしい言葉（53歳）

◎「頼りにしています」と言われた（55歳）

◎「おばちゃんの料理がおいしい。また食べに行くね」（52歳）

◎料理を褒めてくれたこと（不明）

◎「（孫が）バーバの所に行こうばかり言う」とか、お産の手伝い等「感謝して頼りにしている」と言われたとき（61歳）

◎孫が「おばあばあのこと大好き」と言っていたと伝えてくれた（51歳）

◎「孫が『婆ちゃん大好き』と言っているよ」と内緒で教えてくれたとき（58歳）

◎「孫が『ばあちゃんが来ると楽しい』と言っていた」（55歳）

◎「じいちゃんばあちゃんの子に生まれてよかった」（63歳）

◎「私はお義父さん、お義母さんで良かった」「子どもが素直にやさしい子に育ったのはお義母さんたちのおかげ」と言われたときはうれしかった（71歳）

◎「おばあちゃんと話していると楽しい、ユーモアがある」（69歳）

◎「ほら、ばあちゃんだよ～」と小さい子に語りかけてくれる（不明）

◎「大丈夫です」「きれい」「おいしいです」「お母様」と立ててくれる言葉（60歳）

◎「まだまだ元気でいてくれないと」（55歳）

◎「安心して預けられる」（54歳）

「その他」

◎「私がちゃんと言うから」と、私（祖母）に子どもを叱らせないようにしてくれる。おかげでやさしいおばあちゃんでいられる（60歳）
◎孫に対して「言い方が悪い」と注意してくれた（59歳）
◎「ママに内緒で」と孫におやつをたくさん食べさせたりした時、後でバレるかもしれないので一応報告すると「おばあちゃんの所にいる時はバケーションで特別だからいいわ」と言ってくれた（60歳）
◎自分の子どもの頃の話をよく尋ねるようになった（52歳）
◎「可愛がってくれる」（60歳）
◎公園や田んぼ道をよく連れ歩いたので、「足腰が丈夫、運動の勘がよくなった」と言ってくれた（62歳）
◎孫娘と一緒に手芸作品など作った時、自分でできたと嬉しそうにしていたら娘から「教え方が上手だ」と言われた（53歳）
◎芋掘りとか、畑でイチゴ狩りとか、土と遊べることを喜んでもらえた（56歳）
◎「それぞれの子の立場を認めてほめてくれてうれしい」と言われた（51歳）
◎子どもの成長を時々知らせてくれること（61歳）

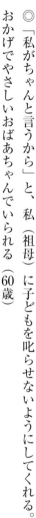

【若夫婦に言われて嫌だったこと】

◎「孫に甘い」（56歳）
◎物を与え過ぎだと注意された（58歳）
◎おやつをやって注意された（68歳）
◎孫をもっと叱ってほしいと言われた（56歳）
◎孫を少し甘やかしているのでは、と言われた（69歳）

◎来た時にはついついおやつを出してやりたくて「だらだら食べさせないでね」「あんまり甘やかさないで」と言われた（62歳）
◎お母さんに預けたら子どもの言葉が悪く（岡山弁に）なったと言われた（52歳）
◎「昔はそうだったんだろうけど、今はしないでほしい」と言われたこと（55歳）
◎しつけのことで感情的にしつこく怒っていたのでやめるように言った時、「このくらい言わんと分からんから口を出さないで」と言われた（51歳）
◎昔の子育て（小さい時の思い出）をチクリと批判された（55歳）
◎私の子育てに対して、「ちょっと……」というらしき言葉を聞いたとき（60歳）
◎孫のことが心配でつい母親（娘）に注意して嫌がられた。アドバイスするのは難しいです（59歳）
◎アドバイスしても「やってる、でもうまくいかない」と聞く耳を持たない（53歳）
◎知らせたいことがあって訪問したとき、子育てのじゃまをしに来ているように受けとられたこと（61歳）
◎良かろうと思ってやったことを否定された時（61歳）
◎やってあげたことに対して「当たり前」だと思っているような言動（58歳）
◎否定的な言葉（63歳）
◎言い訳をすること（50歳）

【若夫婦にされてうれしかったこと】

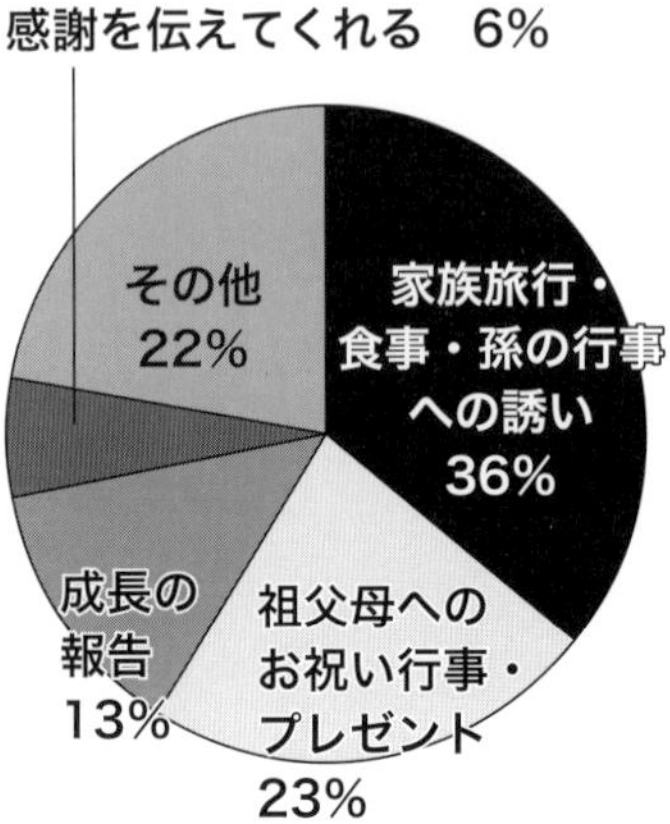

「家族旅行・食事・孫の行事への誘い」

◎誕生会等の行事に一緒に参加させてもらったこと（62歳）
◎行事に参加できたこと（63歳）
◎子守りを口実に家族旅行に誘ってくれたこと。色々と頼りにしてくれる（60歳）
◎一緒に温泉旅行に行ったこと。「ありがとう」の言葉をかけてくれること（55歳）
◎旅行に連れていってくれた（55歳）

◎旅行に連れていってもらった（69歳）
◎孫を連れて一緒に旅行したこと（59歳）
◎お世話になっているからと、時々食事に連れて行ったり服を買ってくれる（58歳）
◎若夫婦家族が遠出するときは必ず誘ってくれて一緒に遊んでくれること。その思いやりが本当に嬉しい（50歳）
◎色々な行事に誘ってくれる。孫をよく連れてきて、私を気にかけてくれる（55歳）
◎学校行事や試合の応援など、毎回誘ってくれる。父の日と母の日、誕生日に必ずプレゼントをしてくれる。「お金をかけた物でないんですが、いつもありがとうございます」という言葉を添えてくれるのが一番うれしいです（71歳）
◎よく感謝してくれること。旅行に誘ってくれ、両家で食事をしてくれる（59歳）
◎遠方へ連れていってくれる（不明）
◎外食のとき誘ってくれる（61歳）
◎年中行事の時よく気を使ってくれる（59歳）
◎休日によく買い物等に連れて行ってくれる。私が外出している時は洗濯物等取り入れてくれている（56歳）
◎いつ訪ねても温かく迎えてくれ、楽しく食事をして車まで見送ってくれる（64歳）
◎孫を預けてくれたこと。孫の写真などを送ってくれたこと。行事の参観に招待してくれたこと。（68歳）
◎孫の誕生会や節句などの行事に、孫と一緒に食事をしたり、同じ時間を共有できることです（58歳）

「祖父母へのお祝い行事・プレゼント」

◎贈り物（欲しかったもの）をしてもらった事（69歳）
◎いろいろ贈り物をくれた（58歳）
◎誕生日などのお祝い（53歳、58歳）
◎喜寿や古希、誕生日などのお祝いを家族そろってしてくれる（56歳）
◎正月生まれの私のために顔を見せて誕生祝いをしてくれること（60歳）
◎誕生日や母の日にささやかながらプレゼントをしてくれること。特に孫からの手紙や絵を添えてくれるのがうれしい（53歳）
◎私たち夫婦の誕生日には、結婚以来ずっとみんなでお祝いをしてくれている。お祝いの希望を前もって聞いてくれるので嬉しさも倍増（54歳）
◎孫娘の発案で、30年以上前に亡くなった主人の命日ではなく誕生日に、息子一家がにぎやかにお誕生会をしてくれた。黒い服の法事より楽しいお祝いの会をという発想に驚いたが、心やさしく成長してくれたことに感激した（60歳）
◎孫達を連れて帰省してくれること、誕生日や敬老の日に孫達から手紙や手作り作品をプレゼントしてもらったこと（49歳）
◎「元気でいるか？」と時々訪ねてくれ、近況報告をしてくれる。料理を届けてくれる時もある。孫がケーキを焼いてくれて家族で持って来てくれるのがうれしい（60歳）
◎産後の手伝い後、「お疲れさま」と夫婦に旅行券をプレゼントしてくれたこと。一緒に撮った写真をプレゼントしてくれた。孫からの手紙（62歳）

「成長の報告」

◎身内にだけ向けたブログで孫の成長を伝えてくれている（60歳）
◎孫の様子を電話で知らせてくれること（55歳）
◎孫のちょっとした出来事をよく電話で知らせてくれるし、可愛い仕草や面白い表情、学校で表彰された様子などもすぐに写メールで送ってくれる。通信簿もファクスで送ってくれる。離れていても成長がよくわかる（53歳）
◎孫の様子をよく知らせてくれる（不明）
◎孫達の成長を素直に喜んで伝えてくれる（49歳）
◎何かと孫に手紙を書かせて送ってくれること（59歳）
◎いろいろな出来事を報告してくれること（不明）

「感謝を伝えてくれる」

◎「子守りありがとう」とかねぎらいの言葉をかけてくれた（59歳）
◎孫に対して、子守りや食事などをしてあげたことに対して、毎回ちゃんとお礼を言ってくれること（51歳）
◎いつも「ありがとう」と言ってくれること（52歳）

「その他」

◎遠方に住んでいて、帰った時仏壇に必ず手を合わせ、墓参りしてくれる（56歳）
◎孫を預けてくれること（51歳）
◎子守りを頼まれる、頼りにされている（57歳）
◎学校行事も知らせてもらいほとんど出席しているし、孫も預けてもらっているので信用されていると思う（62歳）
◎掃除や片付け等、日常生活における小さな手伝い（53歳）
◎助けてくれたとき（60歳）
◎病気で手術をしたときによく気遣ってくれたこと（63歳）
◎病気になった時に時々顔を出してくれた（61歳）
◎笑顔（50歳）
◎気を遣わないでいいのに、孫たち一人一人に挨拶をさせて私を立ててくれる（不明）
◎孫を預かる時に孫の弁当やおやつを持って来てくれたので助かった（60歳）
◎いろいろな面で気を使って協力してくれる（不明）

【若夫婦にされて嫌だったこと】

◎金銭的な面であてにされすぎること（63歳）
◎お金のことで甘えてくるので嫌になる。孫の保険、塾の費用など私たちの通帳から引

き落としていて、今の時代はそれが当たり前と思っているみたい（56歳）
◎買い物等、当たり前のように頼まれる（61歳）
◎無視されたとき（60歳）
◎孫の晴れ姿の行事や賞をもらった時に案内してもらえず知らなかったとき（53歳）
◎こちらのしたことに対して文句を言われたこと（不明）
◎孫が喜ぶと思い買った物を「これとは違う物が良かったのに」と言われた（52歳）
◎プレゼントしたベビー服をあまり着てもらえなかった（62歳）
◎孫が喜ぶであろうプレゼントを突き返されたこと（61歳）
◎食べ物の違いを指摘された（55歳）
◎年をとると体力をはじめ、その年にならないとわからないことがあるが、若夫婦には理解してもらえないことが時々ある（56歳）
◎若夫婦家族が泊まった後、布団や服などの片付けをしないといけない（53歳）
◎友達と同じ感覚で、メールで何事も伝えてくること（65歳）
◎子どもを叱った後、八つ当たりされた（51歳）
◎勝手な時だけ頼りにされて…でもそれも孫と過ごせるのでうれしいかな（56歳）

【祖父母が孫に気をつけていること】

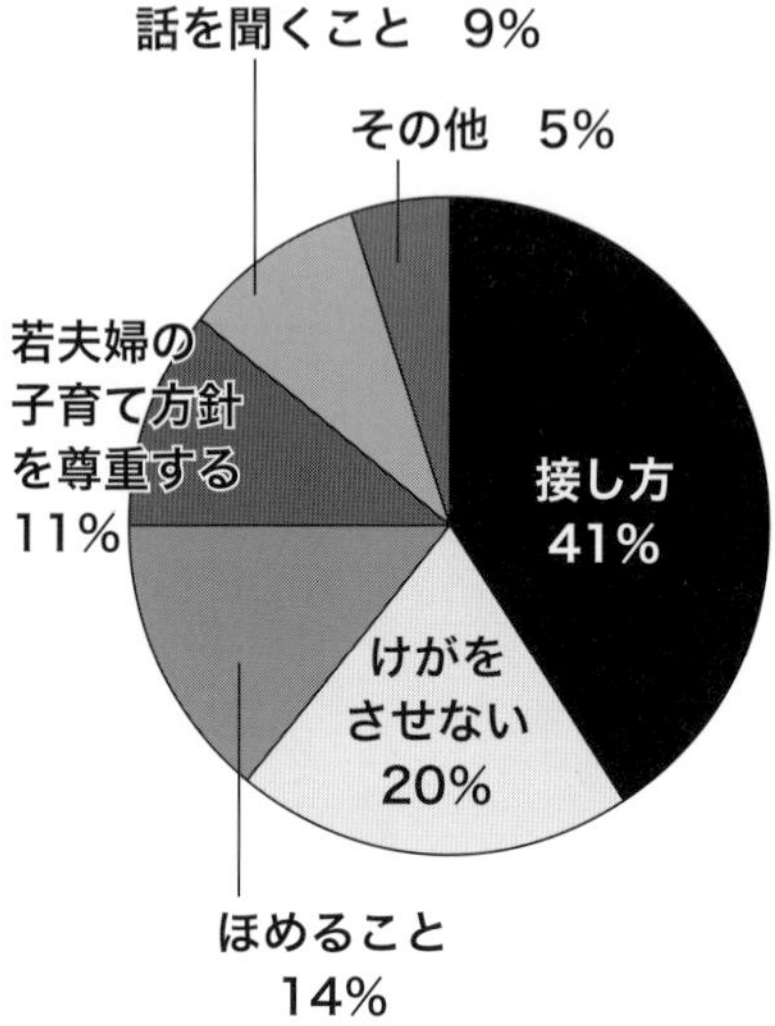

「接し方」

◎笑顔で接する（61歳）
◎言葉遣いとか、何事も明るく楽しい雰囲気になるように接している（不明）
◎嬉しさを態度に表す（54歳）
◎やさしさと厳しさを持ち合わせる。少しずつ冒険させる（60歳）
◎つい手を出しすぎてしまうのでゆったりと見守っていきたい（59歳）
◎大きく間違っていないときは好きにさせている（65歳）
◎学習についてあまり言わないこと（不明）

◎自分の子育てのときと異なり、距離をおいて見られるし時間的にもゆっくり接してあげられる。一緒にお寺の行事に参加して手を合わせて祈ること、守られていることを伝えるのが祖父母の役目と思っている（60歳）

◎外で体を動かすように一緒に走ったり自転車に乗ったり草花をとったり花の名前を教えたり、自然の中でのびのび遊べるようにしている（52歳）

◎何でも聞いてあげる、スキンシップ、目上の人を尊べる人になれるようアドバイスしている（68歳）

◎ご機嫌取りばかりしないこと。協力はするが自分主導にはならず、あくまでも孫に生きる力をつけてもらいたい（50歳）

◎自分たちの意見を押し付けず、本人の意見や考え方を尊重するようにしている。「こうしたほうがいいんじゃない？」といった遠回しの言い方で（60歳）

◎毅然とした態度で、ものの善し悪しの判断を教える（53歳）

◎行儀、挨拶、言葉遣い（不明）

◎言葉遣い、態度（60歳）

◎あいさつをする、人と仲良く遊ぶ、お礼を言う、危険なことはしない、約束は守ってもらいたい（64歳）

◎子どもの心を傷つけないようにしている（69歳）

◎小さくても一人の人間として意見や発言を尊重する、孫の前で親の悪口を言わない、兄弟を比べたり人と比較して欠点を言ったりしない（49歳）

◎「だめ」という言葉を使わないようにしている（56歳）

◎叱らず、わかるまで話す（60歳）
◎孫の意見は尊重するが、善し悪しははっきりさせる（不明）
◎何かにつけ真直ぐに向き合いたいと思っている（55歳）
◎自然が美しいこと、絶対にしたり言ってはいけないことを、その都度、折々に話している。歌を歌ったり、雲を見たり、四季折々の美しさを一緒に見ている（71歳）
◎住んでいる地方の方言を口にしてしまうので、言葉遣いに注意している（不明）
◎なるべく手作りの物を食べさせる。平等にする。良いことは褒め悪い時は注意する。興味のあることをしている時は協力する（62歳）
◎行いなどを話して聞かせる（63歳）

「けがをさせない」

◎けがをさせないこと（57歳、ほか9人）
◎事故が起こらないよう目を離さない。できるだけ同じ目線で子どもと遊ぶ（59歳）
◎孫のしたいことを尊重して応援する。危険なこと、けがに気をつける（58歳）
◎けがや事故に遭わないよう気をつける（51歳）

「ほめること」

◎「ほめ育て」。また笑顔が出せるように、笑って接している（60歳）

◎ほめる、話を聴いてあげる。自分の子育て時はすぐ「うるさい」とか「分かった分かった」とか言っていた（52歳）
◎なるべく手出し、口出しせず、ほめる（53歳）
◎言葉遣い。すごい、上手、可愛い、似合っているね等、ほめる時はおおげさなくらいにほめている（60歳）
◎ほめている。他の子どもと比べない。めったに来ないので来た時には大歓迎する（不明）
◎自尊心を育てるように。孫の考えや行動を褒めるように（61歳）
◎「生まれて来てくれてありがとう」ほめて扱う、この一語にかぎる。じいちゃんの人生の過ごし方、頭の使い方を伝え、危険な時以外は自分でできるまでゆっくり見守るように心がけている（54歳）
◎できるだけほめてあげる。悪いことは怒らず、だめな理由を理解させる（56歳）
◎悪いことをした時は怒るが、なるべくほめてやりたい（56歳）

「若夫婦の子育て方針を尊重する」

◎若夫婦の育て方を聞いて合わせている（55歳）
◎両親の言ったことを決して否定しないよう気をつけている（61歳）
◎両親の意見や考えを大切にすること。特にしつけ等、手出しをしすぎないように努めている。甘えられる場（人）でもありたい（62歳）
◎パパやママの育児を第一に、補佐的に接するようにしている。いつもあたたかい手で

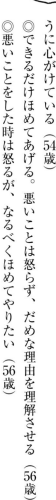

抱きしめて安心を与える存在でありたい（59歳）
◎あまりでしゃばらないようにしている。健康を見守りたい。幼児期はよく本を読んでやった（63歳）
◎不足や悪口、嫌味を言わない。特に両親についてては入り込んだことは言わない（62歳）
◎自分の価値観を押し付けないよう、出過ぎないよう気をつけている（50歳）

「話を聞くこと」

◎まず話を聞いてあげる（59歳）
◎ゆっくりと話を聞く（53歳、58歳）
◎孫の言っていることをしっかり聞いてやること。大声で怒らないこと（65歳）
◎孫の話を良く聞く、相づちをうってからこちらの意見を言う（69歳）
◎親たちから少し距離を置いて話を聞いてやる（56歳）

「その他」

◎食べ物（放射能汚染など）（53歳）
◎甘やかしてはいけないと思いながら、ついつい言いなりになっている（56歳）
◎平常通りにしている（不明）

【祖父母が若夫婦に気を遣っていること】

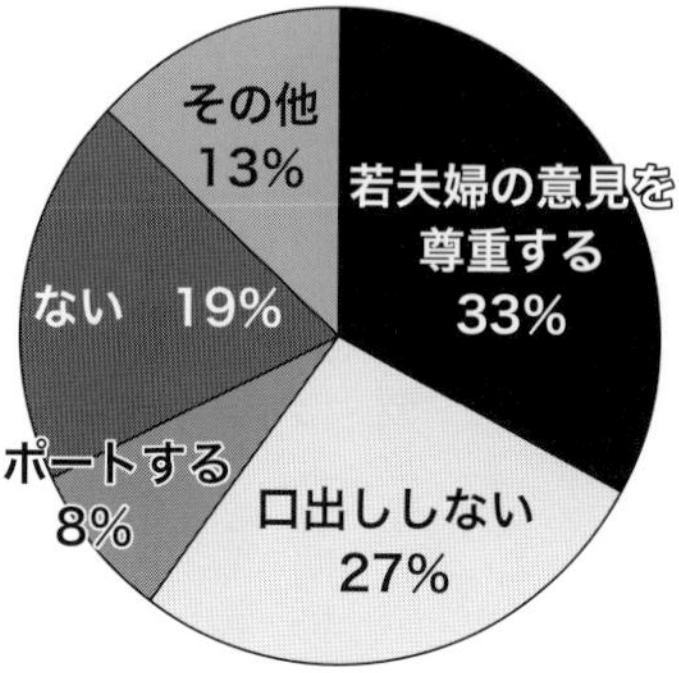

「若夫婦の意見を尊重する」

◎若夫婦の意見を尊重する（61歳、62歳）
◎若夫婦の方針を否定しない（60歳）
◎若夫婦の方針に従う（55歳）
◎なるべく若い人たちの希望に沿うようにしている（65歳）
◎以前に子育てをしていたときの事は言わない（69歳）
◎孫のことは若夫婦の考えを一番とし、命令しない（62歳）
◎自分たちの時代の子育てを押し付けないこと。おせっかいをしない（53歳）

◎若夫婦より前に出過ぎない（53歳、58歳）
◎若夫婦の考えを尊重するようにしている。「孫がこう言ってるけど、どうしたらいいの？」「家ではどうしているの？」などこまかく尋ねる（52歳）
◎相談があれば私なりの考えを言って、お互いに考え方・やり方を確認している。まだ元気なのでいつでも手伝ってあげたいと思っている（71歳）
◎若夫婦の子育てを見守っている（69歳）
◎同居を始めてから親より長いため、親がいる時は引き下がるようにしている（50歳）
◎常に相談しながら進めている（59歳）
◎孫が欲しいと言ってもすぐには買わず母親の意見を聞いてからにする。休みの日はできるだけ子守りをする（52歳）
◎嫁といつも対話をする。別の人格なので認め合う。ありがとうを言う（63歳）
◎意見を言うとき、決して決めつけた言い方はしないようにしている（56歳）
◎孫が欲しがる物はすべて若夫婦に相談し、その結果を孫に伝える（不明）
◎互いによい関係でいることが若夫婦にも良いように反映すると思い、若夫婦を導くときも必要以上に立ち入らず、里帰りしやすい環境づくりを心がけている（60歳）
◎子育てに困ったときの相談役または聞き役になっている（59歳）

「口出ししない」

◎なるべく口出ししない（57歳、ほか7人）

◎幼少のころは子育てを手伝ったり、自由な時間を作れるよう子守りをした。孫が中学生になり、あまり口出しせず見守るようにしている（60歳）
◎しつけなどに関してはあまり口出ししないが困っている時は手を貸す（68歳）
◎勉強やしつけのことで口を出さない（51歳）
◎見守ること。口を出したくなるが、見守りは一種の「修行」です（55歳）
◎口出しをしない。頼まれれば頑張ってする（不明）
◎口は出さず、子育ては母親に任せて、私がお手本を示せるよう努めている（55歳）
◎相談された時は本当のことを助言する（59歳）
◎頼まれれば手助けする。手伝ったことに対して恩着せがましいことを言わない（50歳）
◎嫁が、自分が気に入らないことを言われると息子に当たっているようなので、できるだけ必要以外のことは話さない（不明）

「できる範囲でサポートする」

◎基本的には若夫婦の子育てを見守り、我々はあくまでも脇役であまり口出しせず、困ったらサポートするようにしている（58歳）
◎できる時には子育てに協力しようと思っている（55歳）
◎娘が仕事をしているので、時間のある時はできることをしてやる（56歳）
◎娘が2人目を出産後、上の子に対してしつけをする時に感情的になるのが気になる。その場では口をはさまず、後で上の子のフォローをしてあげてと伝える（58歳）

◎子育ての参考になる本を見つけたら買い、子育ての役に立ててもらう（51歳）

「ない」

◎日頃からよく話をしているので特にない（54歳）
◎特にないが、困った時には協力したいのでいつでも言ってほしい（53歳）
◎あまり気を遣っていない（59歳）
◎特になし（55歳、ほか8人）

「その他」

◎「子は親の背中を見て育つ」と思っても、若夫婦に面と向かって注意できない（60歳）
◎多少甘やかしすぎている気がする。小遣いやお菓子を送ったり（不明）
◎孫のお稽古事（月謝の支援）（49歳）
◎間食の与え方（甘い菓子の食べ過ぎや外での買い食い）（61歳）
◎健康面（59歳）
◎けがをしないように気を遣うこと（63歳）
◎波風立たないように気を遣っている（56歳）
◎他の子どもさん達と比べないこと（不明）

【祖父母が若夫婦に望んでいること】

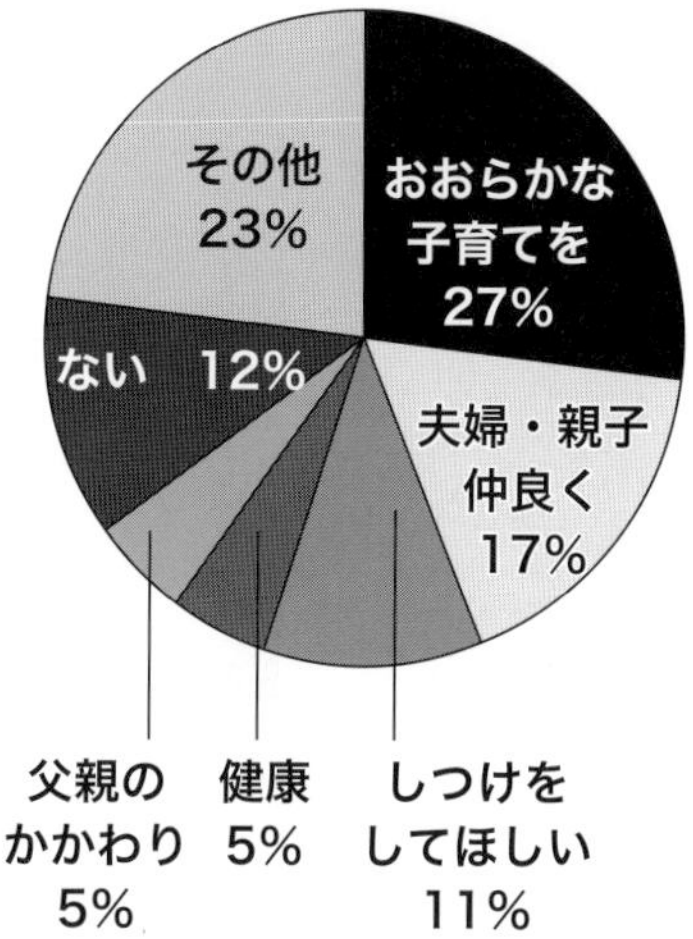

「おおらかな子育てを」

◎のびのび育ててほしい（52歳、ほか2人）

◎気持ちのやさしい子どもに育ててほしい（51歳）

◎しっかり可愛がって育ててほしい（58歳）

◎のびのびと過ごすことができるようにと願っている。（63歳）

◎どこの大学でもよい、のびのびと情緒豊かな子どもに育ててほしい（60歳）

◎高望みはしないように心がけている。元気に素直に育ててくれればよいと（不明）

◎親の考えを押し付けず、アドバイスできる関係づくりをしてほしい、子どもの意見も尊重して良い所をのばしてあげてほしい（49歳）
◎自分の感情で子どもに接することのないように（59歳）
◎自分の感情で子どもに接しないこと。自立心のある子に育ててほしい（53歳）
◎すぐにカッとなって叱らないで、ささいなことでも、ほめてやってほしい（56歳）
◎そんなに怒らないでゆっくり子育てをしてください（不明）
◎大きな声でどなるので、まあ～こんなに大きな声で怒らんでもと思う（56歳）
◎叱らず褒めて。何事もやさしく（不明）
◎もう少し自由に遊ばせてあげてほしい（56歳）
◎ほめ育て（56歳）

「夫婦・親子仲良く」

◎夫婦仲良く、助け合ってほしい（62歳）
◎元気で仲良く、けんかをしないこと（63歳）
◎家庭円満が子育てには大切（親の気持ちが不安定ではいけない）（62歳）
◎子どもたちの良い所を見ながら夫婦で協力して育ててほしい（53歳、58歳）
◎しつけや進路についてよく話し合ってほしい（60歳）
◎子どもの前で夫婦ゲンカをしないで（68歳）
◎仲良く一生懸命子育てしている（59歳）

◎今のまま楽しく遊び、何でも話せる親子関係を保っていってほしい（59歳）
◎子どもを一人の人間として尊敬しまじめに扱うこと。ある時期からは人生の先輩として子どもの意志を大切にしつつリードしてやる。そのためには日々の生活を丁寧に。両親が尊敬し合い認め合って仲の良い、子どもが安心できる家庭を作ってほしい（59歳）

「しつけをしてほしい」

◎社会のルールや人としてのルールをしっかり教えてほしい（62歳）
◎少しは厳しくしつけてもよいと思う（56歳）
◎叱る時はしっかり叱ってほしい（祖父母が叱らなくてもいいように）（60歳）
◎与えることを愛情と思っている。自由とわがままをはき違えないように。（60歳）
◎常識的なこと、マナーやルールを大切にしてほしい。日常生活で、孫に決まりを守らせる努力が足りない（60歳）
◎人の痛みがわかる人に育ててほしい。やさしい眼差しと善し悪しのけじめ（51歳）
◎世の役に立つ子になるよう心して子育てを…と望んでいる（60歳）

「健康」

◎みんなで健康に気をつけてほしい（49歳）

◎心身の健康に気をつけてやってほしい（不明）
◎親子共、健康に気を付けてほしい（57歳）

「父親のかかわり」

◎思いやりのある子に。父親も積極的に子どもと触れ合ってほしい（52歳）
◎年齢に応じた親の関わりをしっかりしてほしい、特に父親は関わりが少ないので頑張ってほしい（58歳）
◎男孫が多いので父親の立場を大切にしてほしい。勉強はしっかりさせてほしい（61歳）

「その他の要望」

◎子どもの立場に立って判断・行動できる親に（61歳）
◎テストに集中しないこと（不明）
◎子どもをあまり責めない。赤ちゃんは無でありよくするも悪くするも親の態度。子どもに愛情をそそぎ仲良し夫婦でいて、父親として母親としての役割を自覚すること（63歳）
◎何にでも積極的に取り組める子に育ててほしい（60歳）
◎色々なお稽古ごとやイベントに参加させてやってほしい（53歳）
◎いじめや不登校にならないようたくましく育ててほしい（58歳）

◎健康に、自立できる子に。小中学校でいじめに参加しない子に育ててほしい（57歳）
◎心のやさしい、はきはきと物事に対処できる子どもに育ててやってほしい。もう少しやさしく接してあげてほしい（56歳）
◎もう少し時間のゆとりをもってほしい。お金のかかる遊び場所によく出かけているが、子どもの希望なのか自分が行きたいのか疑問。遊び方を考えてほしい（55歳）
◎質素倹約をしてお金をためる、お金で子どもを育てない（63歳）
◎悩みがあれば「心配をかけてはいけない」と思わないで相談を持ちかけてほしい。力を合わせて素直で思いやりのある人間性を育ててほしい（64歳）
◎親は人生の先輩としてアドバイスは必要だと思うが、子どもの意見もよく聞いて将来のこととか考えてやってほしい（不明）
◎いちいち言わなくても本人が自分で考え、自分のことは自分できちんとできるように仕向けてほしい（50歳）
◎子育てだけでなく、自分のしたいこともした方がいい（55歳）
◎子どもとともに成長してほしい（59歳）

「ない」

◎常に話し合っているので望むことはない。嫁の誕生日には手紙に「いい子に育ててくれてありがとう。これからもよろしく」と書いている（71歳）
◎今のままでよい（不明）
◎特にない（62歳、ほか6人）

【若夫婦との意見の違いは？】

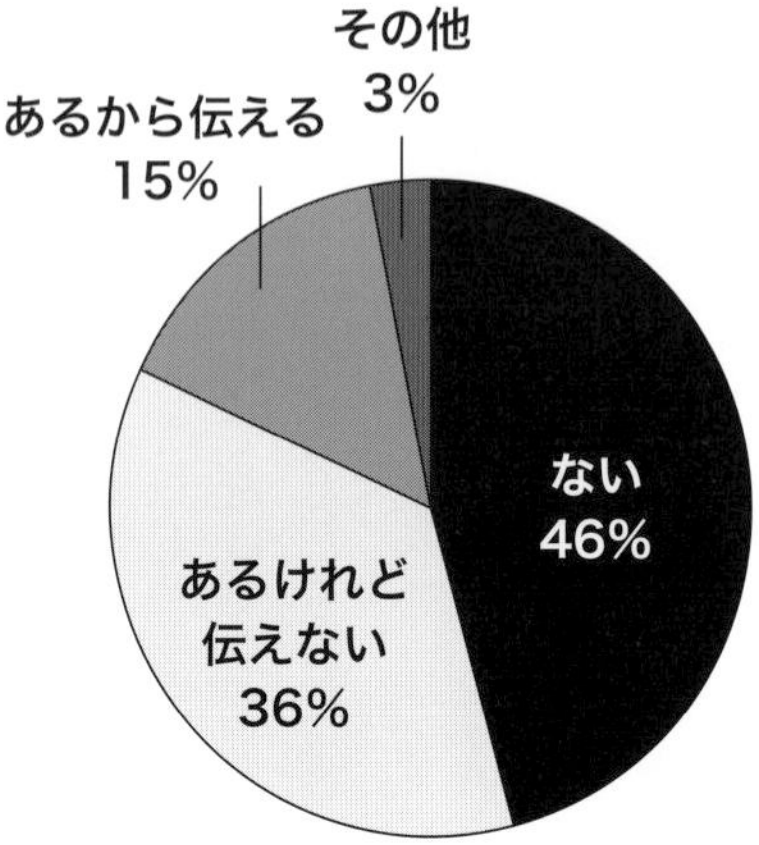

「ない」

◎ない。笑ってごまかしている（55歳）

◎ない。元気でいればそれでよい（50歳）

◎ない。息子達の家庭を大切に見守っていく（不明）

◎ない。２人とも娘なのであまり気にならないけど嫁だったら……と思うことはある（62歳）

◎ないが、もしあれば「こういう考え、やり方もあるよ」と伝えたい。ただし自分たちの考えで進めてくれればよい（59歳）

◎ない。学校のこと、友達のこと、部活のこと、成績のこと、セミナーで習ったことなど、常に何でも話し合っています（71歳）

◎ない（55歳、ほか23人）

「あるけれど伝えない」

◎考えの違いはあるが、あまり意見は言いません（69歳）

◎時代が違うので食い違いはあって当たり前。孫のことで疑問に思ったときは反対する前に「なぜそう思ったのか、何がいいとしてそうしようとするのか」とよく話を聞き、可能なら目で確かめる。基本的に若夫婦を尊重する（60歳）

◎メディアの情報に左右されていると思うが、若夫婦の考えを尊重している（55歳）

◎若い人たちも気を遣ってくれるのであまりないが、老いては子に従えの気持ちでなるほど今風はそうなのかと思い定めます（65歳）

◎食べ物のこととか、服を厚着にさせて…とかは言わない。娘の言う通りにしている。昔はこうだった、ああだったは言わないことにしている（56歳）

◎孫の食べる量や食べ物のことを、3歳まで砂糖や添加物のないものをと頑張っていた。そこまでしなくてもと思うが、親ではないし、と思うことにしている（60歳）

◎幼くて分からない年齢でも、人に害を与えるなどダメなときにはお尻や手の甲ぐらいたたいて教えてもいいのではないかと思うが、若夫婦はじっくり話して聞かせるだけなので、子どもにわかるのかなと思う。仕方ないとあきらめる。自分の子のことではない

と自分に言い聞かせてガマンガマン。（56歳）

◎とにかく勉強勉強と言っているが、小さいうちは大いに遊んだほうがいいと思う。自分の友人とお茶を飲みながら孫の話などしてくる（56歳）

◎孫から「お父さんとお母さんがよく怒る」と聞いたので、「もっと理由をしっかり聞いてやり、怒らずに話を聞いてやってほしい」と言った時、嫁の怒りが10倍になって返ってきた。それ以来、恐ろしくて何も言わない。腹が立つこともあるが、自分の子ではないので我慢する（56歳）

◎食い違いとまではいかないが、お嫁さんは育て方が少し違うと思うことはある。育ってきた環境が違うから仕方ない。それが良いときも悪いときもあるし、頑張っているので見守っている（不明）

◎教育について、自分の子どものことではないのだからと納得したふりをする（54歳）

◎教育熱心で口うるさいのは見て見ぬふり。歌を音痴に歌って笑いを誘う（55歳）

◎睡眠時間の違いがあるが、相手の立場を思いやることが大切（68歳）

◎孫のしつけについては、玄関での靴の脱ぎ方など気になるので、自分で靴をそろえて自宅へ帰ります（61歳）

◎食事の好き嫌いがあるが、くどくど言わない（不明）

◎しつけで食い違う。子どもの言いなりになってはいけないと思い、子どもが言うことをきかないとつい怒ってしまう。ほめて育てるというのは理解できるが、やはり叱るときは叱り、その後その子が理解できたらほめてやる（59歳）

◎孫がいたずらした時、少し大きい声で叱ったら「話をすればわかるから怒らんで」と

言われたのであやまった（52歳）
◎おけいこ事で、何が何でも体育会系にこだわっているが、孫によっては文科系のほうが合っていると思う。仕方がないと諦めつつ、孫に説得を試みるがダメです（60歳）
◎親も全てが正しいわけではないが、改めるように言われたら素直に直す（63歳）
◎孫に触れる時に「手を洗って」と言われた。訪問した玄関でのことなのに…。すぐに手洗いにいきました（63歳）
◎寒いのに薄着をさせているが、薄着がいいらしい。若夫婦に任せている。口出ししないことにしている（不明）
◎しつけが甘いように思う（58歳）
◎教育のことで親の意見を押し付けているように思う（不明）
◎子育てに厳しい夫婦とそうでない夫婦なので、その時々で応じている（55歳）

「あるから伝える」

◎孫がテレビやゲームで夜遅くまで起きているので、夜はできるだけ早く寝させてやってほしいと言います（50歳）
◎新しい時代の流れには従うが、我慢できないと意見を闘わせる（61歳、62歳）
◎子どもの将来について若夫婦は本人任せ。少しは助言したらと伝えた（不明）
◎生活のリズムなどの食い違いはあっても、若い人の考えに合わせている。少し自分の思いを伝えながら、頭ごなしに話さない。相談されたら、はっきり伝える（62歳）

◎「甘やかさないで」と言われるが、おおらかさを大切にしたいと思う。若夫婦の意見を尊重したいと思うが、自分の思いも小出しに伝える（62歳）
◎今の子育てを見守ろうという気持ちもあり、食い違う前に意見を言わないことが多い。自分も子育てて悩んだ経験を話したり、セミナーや本を薦めたり、直接ぶつからない方法でゆっくり伝えるようにしている（60歳）
◎子どもの叱り方について、やんわりと押し付けないように伝える（58歳）
◎基本的なしつけをめぐって説明し、説得してもらえるように理解を求める（60歳）
◎学校やＰＴＡとしての考え方や行動の違いを、私はこう思う、と伝える。でも行動はなるべく起こさない（53歳）
◎教育については、孫のいないところで話し合う（61歳）

「その他」

◎孫がもう一人増える予定なので、上の子が赤ちゃんがえりしないように祖父母で対応できることがあれば助けていきたい（60歳）
◎家族が増え、子ども夫婦が皆揃って帰ってくるのは楽しいことでもあり大変なことでもあり、元気や笑顔をもらえる反面、帰った後は後片付け等忙しい。まだ体力があり何とかできているることに、日々感謝です（55歳）

【祖父母が孫に伝えたいこと】

「思いやり、やさしさ」

◎相手への思いやり（65歳、ほか2人）
◎自然や生き物、人に対してのやさしさ（不明）
◎家族の大切さ、人間としてのやさしさ（56歳）
◎人にやさしい心を持ち、自分に責任を持って生きてほしい（59歳）
◎希望を持って暮らすこと。いつも思いやりの心を忘れないで（不明）
◎考えをしっかり持ちつつ謙虚で思いやりのある行動がとれること（49歳）
◎自分の気持ちや意見をはっきりと言えるように、また人に対しては思いやりの心を持てる人になってほしい（53歳）
◎やさしさと強さをもち、自分で考える力を持ってほしい（50歳）
◎人にやさしくて心のぶれないこと（65歳）
◎親や友だちと仲良くコミュニケーションをとれるように生活していくこと（55歳）
◎活発な男の子なのでその行動力を失わせる言葉を吐くことなく延ばしてやれるバアバでいたいし、人を大切にする子にと願っている（60歳）

「命の大切さ」

◎自分を大切にすること（55歳）
◎命の大切さ、両親や周りの人々への感謝（53歳）

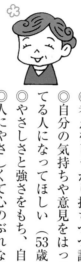

◎命の大切さ（53歳、58歳）
◎いつも応援しているよ、大切な命を大事にしているよということ（50歳）
◎自分を大切にすること、命の大切さ、他人を思いやること、失敗を恐れないこと、平和の大切さ（51歳）
◎あなたは大切な大切な存在であること、幸せになってもらいたいこと、命の大切さも伝えたい（62歳）
◎一人一人、こんなにも皆に思われていること、また、あなた達の存在が親や祖父母を元気にしていることを伝えたい（71歳）
◎両親から産まれ周りの多くの方々に見守られ助けられて育ち、社会の中で人々と関わっていく上で、命と人間関係の大切さを伝えたい（64歳）
◎地球上の自然を大切にしながら、命あるもの（草花や動物）と自分の生命は同等であること。孫一人一人への感謝の気持ちを伝えたい（51歳）
◎人や植物など生き物全てを大切に考えることができること、絶対に戦争などしない社会を作っていくこと、自分を大切に。自分が人にされて嫌なことはしない（60歳）

「日本の伝統・文化・礼儀」

◎日本人らしさ、日本の伝統文化、食育、家庭のマナー、しつけ、道徳（63歳）
◎礼儀作法、ご飯をしっかり食べること、人に迷惑をかけないこと（58歳）
◎日本の歴史・文学（69歳）

◎ものを大事にするもったいない精神（57歳）
◎日本の風習、まつりごとなど（55歳）
◎家の伝統、地区の行事、命の大切さ（62歳）
◎日本の伝統、自然のすばらしさなどを伝えていきたい（52歳）
◎日本人としてのほこり、けじめ・まじめの大切さ、人への思いやり・心配り（56歳）
◎日本の歴史と文化。自然とともに暮らすこと。自分らしく（53歳）
◎善悪のけじめ、社会のルール、感謝の気持ち（58歳）
◎今も昔もかわらない大切なこと―人間の心、自然、季節の巡りなど生きていくうえで肥やしになるようなことを一緒に経験していきたい（59歳）

「友人や家族の大切さ」

◎人を大切にし、自分も幸せな人生を送ってもらいたい（56歳）
◎自分も他の人も大切にして、仲良く心豊かに育ってほしい（61歳）
◎自分も、そしてお友達や周りのものも大切にできる人になってほしい（57歳）
◎兄弟仲良く。自分にされて嫌なことは人にもしない。食べ物は大切にする。努力することの大切さ（62歳）
◎悪いこと、人が嫌がることをしないこと（63歳）
◎自分が言われたりされたりして嫌なことは決して他人にしてはいけない（不明）
◎家族の大切さ（61歳）

◎自立して両親を大切に（不明）

「感謝のこころ」

◎育ててもらった両親・家族への感謝（69歳）
◎感謝する心、笑顔の日々を（61歳、62歳）
◎恩を知り感謝する心（68歳）
◎両親のみならず、周りの人たちに感謝できる大人になるよう伝えたい（60歳）
◎感謝すること。人は一人では生きていけないこと、みんな支え合って生きていくことなど伝えられたらいいなと思う（59歳）
◎両親に感謝すること、世間の人たちにも言葉遣いや礼儀正しく接すること、友だちを大切にすること（不明）

「健康であること」

◎健康であること（三度の食事をきちんとバランスよく）、礼儀正しくあれ（挨拶とありがとうが言える）（60歳）
◎健康で一つのことに努力をすること（不明）
◎食など生活の基本的なこと。本などアナログな時間を一緒にもちたい（55歳）
◎食事（感謝して好き嫌いなく行儀よく頂く）、睡眠（おだやかに、絵本を読んだりし

て幸せな気持ちで眠る）、生活のリズム（60歳）
◎生活の規則、マナー、遊び方（59歳）

「その他」

◎女の子でいつか出産すると思うので母乳が一番良いと言い続けたいと思う（52歳）
◎小学生の孫が戦争のことを聞きたがるので、できるだけ多くのことを伝えたい（63歳）
◎人生を楽しんで生きていくことを見つけてほしい（58歳）
◎今のまま、自分で考え正しく元気に育ってほしい（不明）
◎いろいろなことに興味を持ち挑戦してほしい（56歳）
◎まじめにコツコツ頑張ること（49歳）
◎人の悪口を聞かせない、言わない（不明）
◎良いこと悪いことのけじめ（60歳）

孫からおじいちゃんおばあちゃんへの可愛いらしいメッセージを受けとめて！

孫からのメッセージ

お母さんを通じてお孫さんたちにもアンケート形式で聞いてみました。思わず吹き出しそうになったり、ホロリときたり、ちょっと耳の痛いことも!?　おじいちゃんおばあちゃんと過ごす時間はお孫さんの心に刻まれています。

【3〜5歳】

おばあちゃんの好きなところ

◎顔（4歳・男）
◎遊んでくれるところ（3歳・女、3歳・男）
◎テレビを見るときのおばあちゃんのお膝が好き、一緒に遊んでくれること（4歳・男）
◎遊んでくれる、お料理してくれる（5歳・女）
◎おいしいごはんを作ってくれる（4歳・男）
◎ごはんがおいしい、お菓子をくれる、みかんをくれる（4歳・女）
◎お料理を作っているところ（4歳・女）
◎やさしい、話をきいてくれる（4歳・男）

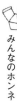

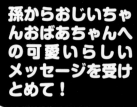

◎抱っこやおんぶをしてくれる（4歳・男）
◎お買い物とか、いろんなところへ連れていってくれる（3歳・女）
◎いろんなことを教えてくれる（3歳・男）

おじいちゃんの好きなところ

◎おなか（4歳・男）
◎やさしい（4歳・女、4歳・男）
◎一緒に畑で遊ぶ（3歳・女）
◎いろんなことを教えてくれる（3歳・男）
◎お散歩に行ってくれる（4歳・女）
◎ごはんを作ってくれる（4歳・男）

おばあちゃんと一緒にやりたいこと

◎一緒に畑で遊ぶ（3歳・女）
◎一緒に遊びたい、発表会に来てほしい（4歳・女）
◎たくさん遊びたい（4歳・男）
◎いないいないばあやかくれんぼをして、たくさん遊びたい（3歳・男）
◎一緒に遊びたい、一緒に「ヤッター！」ってしたい（4歳・男）

◎パズルを一緒にしたい、お家でごはんを一緒に食べたい（4歳・女）
◎ボールけりなどの外遊び、お料理、おばあちゃんのお手伝い（5歳・女）
◎ブランコに乗ること（3歳・女）
◎ままごと、ビーズ（4歳・女）
◎ウルトラマンごっこ（3歳・男）
◎すごろく、トランプ、絵本を読んでもらう、プラレールで電車ごっこ（4歳・男）
◎本が読みたい（4歳・男）

おじいちゃんと一緒にやりたいこと

◎絵を描きたい（4歳・男）
◎おにごっこ（4歳・男）
◎畑でお芋掘り（3歳・女）
◎お庭のブルーベリーを一緒にとりたい、うどんを一緒に食べに行きたい（4歳・女）
◎テレビをみる（3歳・男）
◎じいちゃんの部屋で一緒にテレビをみたい（4歳・男）
◎おもちゃやぬり絵、プリキュアのマンガを買ってほしい（4歳・女）

【6～9歳】

おばあちゃんはどんな人

◎やさしい人（6歳・女、7歳・女、7歳・女、6歳・男、7歳・男、8歳・男）
◎やさしい、怒ってくれる、料理が上手（8歳・女）
◎やさしくて時々めがねをかけている（6歳・女）
◎ひげが生えてなくて、髪が黒くて大切な人、やさしい人、遊んでくれる人（8歳・男）
◎顔がかわいく美人でやさしい（7歳・女）
◎性格が良くてやさしくおこってくれる、「泊まりに行ってもいい？」と聞くとすぐに「いいよ！」と言ってくれ、美人で若々しい、お酒をやめてすごい、大切な人（9歳・女）

おじいちゃんはどんな人

◎やさしい人（6歳・女、6歳・男、8歳・男）
◎やさしい、行きたい所に連れていってくれる（8歳・女）
◎やさしくて声が大きい（6歳・女）
◎大切な人（8歳・男）
◎頑張っている人（7歳・男）
◎一緒に遊んでくれるおもしろい人（7歳・男）

◎病気をきっかけにタバコをやめた意志の強い人、怒るときはびしっと怒り、ほめるときはすごくほめてくれる（9歳・女）
◎夢を応援してくれる人（9歳・女）
◎こわくて、おこる（7歳・女）

おばあちゃんにしてもらってうれしかったこと

◎遊んでくれた（6歳・男）
◎めっちゃおいしいごはんを作ってくれた（7歳・男）
◎オムライスを作ってもらってとてもおいしかった（6歳・女）
◎お料理、絵本の読み聞かせ（7歳・女）
◎ナップサックを手作りしてくれた（6歳・女）
◎泊まりにおいでと言ってもらえた。ボードを見てもらった。人生ゲームをしたりカニ鍋を食べた。みんなで食べるとおいしい（9歳・女）
◎一緒にディズニーランドに行ってくれた（8歳・男）
◎洋服を買ってもらった、保育園の迎えに来てもらった、お絵描きを教えてもらった、布でバックや服を作ってもらった（8歳・女）
◎計算カードを聞いてもらった（7歳・女）
◎お小遣いをもらった（8歳・男）
◎物を買ってもらった、一緒にドライブした（7歳・男）

おじいちゃんにしてもらってうれしかったこと

◎赤ちゃんのころにやさしくしてくれた（8歳・男）
◎遊んでくれた（6歳・男）
◎遊んでもらった（7歳・男）
◎海に連れていってもらった（6歳・女）
◎遊びに連れて行ってもらった（8歳・男）
◎抱っこして木登りのお手伝いをしてくれた（6歳・女）
◎ギャグを教えてもらった（7歳・男）
◎一緒にスイミングに行った、一緒にピアノコンサートに行った（8歳・女）
◎ピアノのコンクール頑張れ！と応援してくれた（9歳・女）

【10～13歳】

おばあちゃんとの想い出

◎リクエストしたメニューを作ってくれる（10歳・女、13歳・男）
◎卵焼きの作り方を教えてくれた（12歳・男）
◎花火を一緒にした（12歳・女）

おじいちゃんとの想い出

◎一緒に魚釣りに行き、やり方を細かく教えてくれた（12歳・男）
◎一緒に図書館に行き、帰りにこっそりお菓子を買ってくれた（10歳・女、13歳・男）
◎一万円くれた（12歳・女）

おばあちゃんに言われて良かったこと

◎いつもかわいいな〜（10歳・女、13歳・男）
◎運動会のリレーで一番になった時、すごいと言われて嬉しかった（12歳・男）
◎お小遣いをあげる、旅行に連れて行ってあげる（12歳・女）

おばあちゃんに言われて嫌だったこと

◎早く勉強しなさい（12歳・男）
◎勉強しなさい（12歳・女）

おじいちゃんに言われて良かったこと

◎いつも、よう頑張っとるなあ（10歳・女、13歳・男）

◎（魚釣りで）おじいちゃんよりもたくさん釣れるようになったな（10歳・男）
◎旅行に連れていってあげる（12歳・女）

おじいちゃんに言われて嫌だったこと

◎宿題ちゃんとして行っとるんか（12歳・男）

おばあちゃんにしてあげたいこと

◎お菓子やごはんを作ってあげたい（13歳・男）
◎肩たたき、大きくなったら色々買ってあげたい（12歳・男）
◎花束をプレゼントすること（12歳・女）

おじいちゃんにしてあげたいこと

◎リハビリ運動を一緒にしてあげたい（10歳・女、13歳・男）
◎一緒に散歩、大きくなったら色々買ってあげたい（12歳・男）
◎お酒をプレゼントすること（12歳・女）

読んでみていかがでしたか？

鶴川明子（保健師）

これは、サン・クリニックで出産された産後一年未満の母親へのアンケートと、孫育てセミナーへ参加された祖父母へのアンケートに書かれた生の声です。普段は聞けないお互いの本音を知ることができたのではないでしょうか。

まず、子育て中のお母さんの本音を読んで祖父母のみなさんは、どのように感じられましたか？

なるほどやっぱりそうよね、と思える意見もあったでしょう。あるいは、若いお母さんの考え方はなかなか理解できないわ、と思われたかもしれません。また、ご自分の今までを振り返って思わず苦笑いしたり後悔した方もいらっしゃるのではないでしょうか。新米お母さん達は、目の前の育児に一生懸命過ぎてまわりが見えなくなることがあります。それに人生経験が少ない分、甘えがあったりわがままなところもあるでしょう。自分もそうだったように、きっと子育てを通して少しずつ成長していくのだと思います。若いお母さん達の本音を心の隅にとめつつ、子育ての先輩として広い心で見守ってあげてくださいね。

次に、祖父母の本音は納得できることも多かったのではないでしょうか？

若夫婦に信頼されて頼られたり、素直に感謝されたりすると嬉しいですよね。また、日常の出来事や特別な行事を通して、祖父母として大切に思われていることが実感できるのは幸せなことです。反対に都合のいい時だけあてにされるとか、してくれて当たり前と思われるという不満も理解できます。やはりお互いに、思いやりと感謝の気持ちが大切なのでしょう。

お孫さんとの関わり方では、若夫婦の子育て方針や、けがをさせないことに気を遣いながら陰から支えている苦労が伝わってきます。子育ての先輩だからこそ若夫婦に言いたいこともあるでしょう。せっかく孫のためを思ってアドバイスしても耳を傾けてもらえなかったり、良かれと思ってしたことを批判されたりすると嫌な気持ちになるのも無理ありません。それでも若夫婦の意見を尊重しつつ、祖父母としていのちの大切さや感謝の心、礼儀や伝統などを上手に伝えている様子がうかがえます。若夫婦を否定せず協力しながら導く姿勢は、さすがに経験を積んだ人生の先輩である祖父母ならではです。

実は、このように祖父母と若夫婦が良い関係を築いていく工夫こそが、本当は一番大切なことなのかもしれません。実際には、お互いに何を言われても仲が良ければ嬉しく感じるし、悪ければ受け入れ難く感じるからです。

例えば母親の場合、妊娠中に「しっかり食べて元気な子を産んでね。」と食事を作ってくれたことを嬉しかったと感じる人もいれば、プレッシャーで嫌だったと感じる人もいます。また、祖父母の場合、若夫婦からのメールをちょっとした出来事をすぐに知らせてくれて嬉しかったと感じる人もいれば、友達と同じ感覚で送られてきて嫌だったと

感じる人もいます。結局は、何事も良い関係が結べていないと上手く伝わらないということです。

祖父母と若夫婦の価値観は違って当たり前。お互いが否定するのではなく、折り合いをつけながら仲良くやっていく努力が必要になります。それぞれの立場で意見は違っても、上手にコミュニケーションをとって、家族が良い関係を築いていく姿勢が必要になるのです。きっとそれは、子ども自身の人間力やコミュニケーション力を育てていく一番身近なお手本になることでしょう。そう考えると、両親とは違う祖父母の価値観にも触れさせながら、家族仲良く過ごすことが孫育ての真髄と言えるかもしれません。

最後に可愛いお孫さんからのメッセージは微笑ましいですね。

祖父母の愛情を感じながら育つお孫さんは幸せです。若夫婦の一生懸命さとは違い、祖父母には、自分の子育てで得た経験をいかしながらゆったりと関われる心の余裕があります。限られた時間ではありますが、なるべくたくさんの時間を一緒に過ごせるといいですね。大好きなおじいちゃん、おばあちゃんとのふれあいの中で、優しさや思いやり、そして感謝の気持ちが自然に育まれることでしょう。そして、お孫さんの心の中にはおじいちゃんおばあちゃんがかけがえのない存在として刻まれていくことでしょう。

孫育ての時間が人生の素敵な時間になりますように願っています。

あとがき

新版「孫育ての時間《とき》」をここまでお読みくださり、ありがとうございました。

初版から十数年がたち、私自身も孫をもつ身となりました。はじめて孫を抱いたとき、自分の腕の中で眠っている孫の、すやすや小さな寝息に、『いのち』の感動をおぼえました。わが子を抱いたときとはまったく違った感覚でした。一方で、わが子が親になったということにも喜びがありました。同じような赤ちゃんだったわが子が、成長し、自分の翼で旅立ち、また親となる……いのちがめぐるということは、この世の物質的豊かさを得ることとは異なる幸せを感じます。

ふり返れば、自分の子育て中、一生懸命なあまり、わが子に対しても、実母、義母に対しても自分中心で思慮が足りなかったと、今更ながら心にチクチク、痛みとともに反省することも多々あります。母と祖母、両方の立場を経験してみて、人間関係は許容範囲が広く、おおらかな方が楽なのではないかと思い至っています。私が、おばあちゃんとして、心がけたいことは、家族みんながいつも仲良く笑っていること、「大丈夫だよ」「大好きだよ」を孫に伝えること。そんなことくらいかもしれません。そして、孫の心に「いつも笑っている」おばあちゃんのイメージを残せればいいな、と漠然とですが願っています。

わが子が親になっても、祖父母にとっては息子や娘であることに変わりありません。つい手や口を出したくなるかもしれませんが、育児の主役は両親にゆずって、祖父母は脇役となりましょう。手を貸すことと、手放すこと。近すぎず遠すぎず、適度な距離感を保っていきたいですね。

新版では、お母さんの気持ちに加え、祖父母のホンネと孫からのかわいいメッセージを集めてみました。相手の気持ちを理解するのは難しいことですが、これを参考にお互いに思いやりをもって、上手にコミュニケーションをとっていただければと思います。今回、祖父母の方々からいただいたご意見には、まさに同感、と思うことがたくさんありました。私自身、孫たちと食事や旅行をしたり、誕生日を祝ったり祝われたりすることは、人生のご褒美をいただいているように思え、感謝の気持ちでいっぱいになります。

お父さんお母さんも、ぜひ祖父母のご意見をお読みいただいて、おじいちゃんおばあちゃんを喜ばせてあげてくださいね。うれしくなった祖父母の喜びと愛が、何倍にもなってお子さんに返ってくるのではないでしょうか。新版では、ちょっと祖父母の味方になっているかもしれませんね。

親世代は自分や子どもへの幻（ビジョン）を持ちますが、祖父母世代は未来への夢（ドリーム）を見ます。自分の消えたあとに咲く花のために、今日も水をやり続ける。そんな存在でありたいと思います。孫育ての時間《とき》は愛と平和への祈りのときのように感じます。

子どもたちの未来に、愛と希望が満ちていますよう祈りながら、本書を終えたいと思います。

中山　真由美

二〇一五年　十一月

著者紹介

◎山縣威日（やまがた　たけひ）
1943年、北海道生まれ。1971年、札幌医科大学卒。日本産婦人科学会認定医、日本東洋医学会認定医。日本母乳の会運営委員。「絆を強めるお産と育児」「女性の価値あるライフサイクル」の啓蒙、母乳育児の推進、子育て支援、孫育て、性教育、マリッジカウンセリングなどを通じて地域社会への貢献を目指す。
著書：『生命はぐくむ「ひと」たちへ』吉備人出版（共著）

◎中山真由美（なかやま　まゆみ）
1959年、岡山市生まれ。1984年、岡山大学医学部卒。小児科医。国立岡山病院小児医療センターなどを経て、現在はサン・クリニック勤務。

お母さん方が「子育てが楽しい」と思えるよう願って、日々、育児支援に力を注いでいる。

◎安井郁子（やすい　いくこ）
1974年、京都大学医学部附属助産婦学校卒。1993年からサン・クリニック勤務。「母と子にやさしい感動出産」と「母乳育児支援」をモットーとしている。

◎宮本牧子（みやもと　まきこ）
1977年、岡山大学医学部附属助産婦学校卒。1993年からサン・クリニック勤務。感動的な赤ちゃんとの出逢いの場を提供し、母乳育児を支援することをモットーとする。

◎鶴川明子（つるかわ　あきこ）
1985年、高知女子大学看護学部卒。子育てに専念した時期も経て、現在はサン・クリニック勤務。母親の心に寄り添うことをモットーにあらゆる育児相談に応じている。

◎平川洋児（ひらかわ　ようじ）
1931年、倉敷市生まれ。現在はサン・クリニック親子人間学研究所所長。親業訓練インストラクター。朝日医療技術専門学校講師。
著書：『笑顔の教育学１』『笑顔の教育学２』吉備人出版（共著）、『家庭教育ハンドブック』監修（岡山県青少年課発行）

医療法人サン・クリニック（1993年開院）
703-8205 岡山市中区中井２丁目15番13号
ホームページ http://www.sunclinic.org/

イラスト　日名雅美

［新版］
孫育ての時《と》間《き》
祖父母に贈るはじめての育孫書

2015年12月17日　第1刷発行
2017年6月1日　第2刷発行

編　者　山縣威日・中山真由美編
発行所　吉備人出版
〒700-0823 岡山市北区丸の内2丁目11-22
電話 086-235-3456　ファクス 086-234-3210
振替 01250-9-14467
メール books@kibito.co.jp
ホームページ http://www.kibito.co.jp/
印刷所　株式会社 三門印刷所
製本所　株式会社岡山みどり製本

 ISBN978-4-86069-457-9
乱丁・落丁はお取り替えします。定価はカバーに表示しています。